哈佛经典思维游戏大全

游戏大全

HAFOJINGDIANSIWEIYOUXIDAQUAN

董晓丽　编著

吉林文史出版社
JILIN WENSHI CHUBANSHE

图书在版编目（CIP）数据

哈佛经典思维游戏大全 / 董晓丽编著. — 长春：
吉林文史出版社，2019.6
　ISBN 978—7—5472—6203—0

　Ⅰ. ①哈… Ⅱ. ①董… Ⅲ. ①智力游戏－青少年读物
Ⅳ. ①G898.2

中国版本图书馆 CIP 数据核字（2019）第 102050 号

哈佛经典思维游戏大全

编　　著：董晓丽
责任编辑：程明
封面设计：点滴空间
出版发行：吉林文史出版社有限责任公司
电　　话：0431—81629369　　邮编　130118
地　　址：长春市福祉大路出版集团 A 座
网　　址：www.jlws.com.cn
印　　刷：北京一鑫印务有限责任公司
开　　本：165mm×235mm 1/16
印　　张：20
印　　次：2019 年 6 月第 1 版　2019 年 6 月第 1 次印刷
书　　号：ISBN 978—7—5472—6203—0
定　　价：59.00 元

前　言

创立于 1636 年的美国哈佛大学，被誉为高等学府王冠上的宝石，是世界各国学子神往的学术圣殿。300 多年间，哈佛大学先后培养出 7 位总统、40 位诺贝尔奖获得者，以及数以百计的世界级财富精英，为商界、政界、学术界及科学界贡献了无数成功人士和时代巨子。

正如哈佛大学第 21 任校长艾略特所言："人类的希望取决于那些知识先驱者的思维，他们所思考的事情可能超过一般人几年、几代人甚至几个世纪。"具有超常思维能力的人，到哪里都是卓尔不群的人，他们办事更高效，行动更果敢，更容易获得成功。对于哈佛大学这样的百年世界名校来说，培养青年学子的超常思维能力，其重要性远排在教授具体的知识技能之前。

人的一生可以通过学习来获取知识，但思维训练从来都不是一件简单容易的事，作为一种能"使思维流动的活动"，思维游戏无疑是一种训练思维的最好方式，它不但能够帮助发掘个人潜能，而且能使人感到愉快。本书将向你展示哈佛大学是通过何种途径挖掘学生的大脑潜能，培养各种思维能力的。书中的 600 个思维游戏是哈佛大学为全方位训练学生思维专门设计的，从缜密思维、发散思维、创新思维、逻辑思维、综合思维等方面出发，锻炼游戏者综合运用逻辑学、运筹学、心理学和概率论等知识的能力，兼具挑战性、趣味性与科学性。游戏内容丰富，形式活泼，难易有度，有看似复杂非常简单的推理问题，有让人迷惑不解的图形难题，有运用算术技巧以及常识解决的纵横谜题等。本书虽是一本游戏书，却不是一本简单的娱乐书，书中的游戏极富思维训练的张力，无论孩子、大人，或是学生、上班族、管理者，甚至高智商的天才们，都能在此找到适合自己的题目。

　　本书将为大家营造一个坐在哈佛大学的课堂里训练思维的意境，在游戏的过程中，你需要大胆地设想、判断与推测，需要尽量发挥想象力，突破固有的思维模式，多角度、多层次地审视问题。这些浓缩哈佛大学思维训练精华的游戏，将使你在享受乐趣的同时，全面发掘你的大脑潜能，让你越玩越聪明，越玩越成功。

目　录

001　蒙德里安美术馆 ……… （1）

002　芝诺的悖论 …………… （1）

003　希罗的开门装置 ……… （2）

004　向上还是向下 ………… （2）

005　西瓜 …………………… （3）

006　3个正方形变成1个 …… （4）

007　找面具 ………………… （4）

008　九宫图 ………………… （5）

009　最小的图形 …………… （5）

010　有钉子的心 …………… （6）

011　齿轮转圈 ……………… （6）

012　打喷嚏 ………………… （7）

013　买彩票（1） …………… （7）

014　分割空间 ……………… （8）

015　排队 …………………… （8）

016　四阶魔方 ……………… （9）

017　最小的排列 …………… （9）

018　平方根 ………………… （10）

019　齿轮片语 ……………… （10）

020　伽利略的斜面实验 …… （11）

021　帕斯卡三角形 ………… （11）

022　正方形蛋糕 …………… （12）

023　瓷砖图案 ……………… （12）

024　宝石徽章 ……………… （13）

025　第一感觉 ……………… （13）

026　找不同的图形 ………… （14）

027　齿轮带 ………………… （14）

028　赛跑 …………………… （15）

029　帽子与贴纸 …………… （15）

030　按顺序排列的西瓜 …… （16）

031　保龄球 ………………… （16）

032　缺失的狭条 …………… （17）

033　猫和老鼠（1） ………… （17）

034　进入迷宫 ……………… （18）

035　齿轮游戏 ……………… （19）

036　直尺下落 ……………… （19）

037　赌博者的色子问题 …… （20）

038　下落的砖 ……………… （20）

039　杂技演员 ……………… （21）

040　沿铰链转动的双层魔方 … （21）

041　六边形 ………………… （22）

042　数圆点（1） …………… （23）

043　齿轮正方形 …………… （23）

044　填数字 ………………… （24）

045　掷色子 ………………… （24）

046　T时代 ………………… （25）

047　液体天平——浮力 …… （25）

048　贝克魔方 ……………… （26）

049　精确的底片 …………… （27）

050　数圆点（2） …………… （27）

051　齿轮六边形 …………… （28）

052　简谐运动 ……………… （28）

053　图形与背景 …………… （29）

054　七巧板数字 …………… （29）

055　图案速配 ……………… （30）

056　3个小正方形网格 …… （31）

057　落水的铅球 ……………… (31)
058　8个多格拼板(1) ………… (32)
059　哥伦布竖鸡蛋 …………… (32)
060　共振摆(1) ………………… (33)
061　中空的立方体(1) ………… (34)
062　多边形七巧板 …………… (34)
063　3道菜 …………………… (35)
064　六阶魔方 ………………… (35)
065　黑白正方形 ……………… (36)
066　8个多格拼板(2) ………… (36)
067　倒三角形 ………………… (37)
068　共振摆(2) ………………… (37)
069　中空的立方体(2) ………… (38)
070　象形的七巧板图形 ……… (39)
071　买彩票(2) ………………… (39)
072　八阶魔方 ………………… (40)
073　二进制图形 ……………… (40)
074　多形组拉丁拼板(1) ……… (41)
075　机会平衡 ………………… (41)
076　1吨重的摆 ……………… (42)
077　弄混了的帽子 …………… (42)
078　三角形七巧板 …………… (43)
079　夫妻圆桌 ………………… (43)
080　阿基米德的镜子 ………… (44)
081　珠子和项链 ……………… (44)
082　多形组拉丁拼板(2) ……… (45)
083　平衡游戏板 ……………… (45)
084　增大体积 ………………… (46)
085　顶点的正方形 …………… (46)
086　分割棋盘 ………………… (47)
087　圆桌骑士 ………………… (47)
088　光路 …………………… (48)
089　成对的珠子 ……………… (48)
090　多格拼板对称 …………… (49)
091　小球平衡 ………………… (50)

092　"楼梯"悖论 ……………… (51)
093　密码 …………………… (51)
094　五角星 ………………… (52)
095　动物转盘 ……………… (52)
096　火柴光 ………………… (53)
097　六边形游戏 …………… (53)
098　数字展览 ……………… (54)
099　多格拼板矩形 ………… (54)
100　无限与极限 …………… (55)
101　滚动立方体 …………… (55)
102　心形七巧板 …………… (56)
103　蛋卷冰激凌 …………… (56)
104　转角镜 ………………… (57)
105　正方形游戏 …………… (57)
106　五格拼板 ……………… (58)
107　数字筛选 ……………… (59)
108　黑色图形的面积 ……… (60)
109　滚动色子(1) …………… (60)
110　圆形七巧板 …………… (61)
111　传音管 ………………… (61)
112　曲面镜 ………………… (62)
113　虹吸管 ………………… (62)
114　六格拼板 ……………… (63)
115　总长度为10 …………… (63)
116　等差级数 ……………… (64)
117　滚动色子(2) …………… (64)
118　对角线问题 …………… (65)
119　帕斯卡定理 …………… (65)
120　三阶拉丁方 …………… (66)
121　颜色密码 ……………… (66)
122　多格六边形 …………… (67)
123　奎茨奈颜色棒游戏 …… (68)
124　摩天大楼的顺序 ……… (68)
125　飞上飞下 ……………… (69)
126　正方形分割问题 ……… (69)

127 圆的弦相交问题 ………… (70)
128 四阶拉丁方 …………… (70)
129 链条平衡 ……………… (71)
130 五格六边形(1) ………… (71)
131 数字 1 到 9 …………… (72)
132 睡莲 …………………… (72)
133 红色圆圈 ……………… (73)
134 圣诞节风铃 …………… (73)
135 半径与面积 …………… (74)
136 五阶对角线拉丁方 …… (74)
137 柜子里的秘密 ………… (74)
138 五格六边形(2) ………… (75)
139 旋转的物体 …………… (76)
140 雪花曲线 ……………… (76)
141 点与线 ………………… (77)
142 4 个力 ………………… (77)
143 电影胶片 ……………… (78)
144 六阶拉丁方 …………… (78)
145 拼图游戏 ……………… (79)
146 棋盘正方形 …………… (79)
147 轨道错觉 ……………… (80)
148 正方形里的正方形 …… (80)
149 轮盘赌 ………………… (81)
150 3 个重量 ……………… (81)
151 阿基米德的盒子 ……… (82)
152 七阶拉丁方 …………… (82)
153 折叠问题 ……………… (83)
154 六格三角形 …………… (83)
155 坐标 …………………… (84)
156 西尔平斯基三角形 …… (85)
157 灌铅色子 ……………… (86)
158 L 形结构的分割问题 …… (86)
159 双色珠子串 …………… (87)
160 魔轮 …………………… (87)
161 第 5 种颜色 …………… (88)

162 六格三角形拼板 ……… (89)
163 小猪存钱罐 …………… (90)
164 空白的圆 ……………… (90)
165 旋转的窗户 …………… (91)
166 把正方形四等分 ……… (92)
167 六边形的星星 ………… (92)
168 三阶反魔方 …………… (93)
169 图案上色 ……………… (93)
170 七格三角形 …………… (94)
171 三角形数 ……………… (94)
172 循环图形(1) …………… (95)
173 数学家座谈会 ………… (95)
174 炸弹拆除专家 ………… (96)
175 求 C 值 ………………… (96)
176 保险箱 ………………… (97)
177 帝国地图 ……………… (97)
178 镜像 …………………… (98)
179 中心六边形数 ………… (99)
180 循环图形(2) …………… (99)
181 两个家庭 ……………… (100)
182 门 ……………………… (100)
183 拇指结 ………………… (101)
184 魔"数"蜂巢 …………… (101)
185 曲线上色 ……………… (102)
186 渔网 …………………… (102)
187 加减 …………………… (103)
188 最长路线 ……………… (103)
189 两个孩子的家庭 ……… (104)
190 六边形的分割 ………… (104)
191 五角星魔方 …………… (104)
192 最短的距离 …………… (105)
193 中心点 ………………… (106)
194 纪念碑 ………………… (106)
195 8 个"8" ………………… (107)
196 细胞路线 ……………… (107)

197 最好的候选人 …………… (108)
198 逻辑推理 …………………… (109)
199 肥皂环 ……………………… (109)
200 六角星魔方 ……………… (110)
201 蜈蚣 ………………………… (110)
202 平行线 ……………………… (111)
203 总和为 15 ………………… (111)
204 细胞变色 …………………… (111)
205 掷到"6" …………………… (112)
206 21 个重物 ………………… (113)
207 左撇子和右撇子 ………… (113)
208 七角星魔方 ……………… (114)
209 垂直的剑 …………………… (114)
210 书虫 ………………………… (115)
211 整除(1) …………………… (115)
212 平方数的诡论 …………… (115)
213 掷 6 次 …………………… (116)
214 炮弹降落和开火 ………… (116)
215 200 万个点 ……………… (117)
216 八角星魔方 ……………… (118)
217 中断的圆圈 ……………… (118)
218 地图上色 …………………… (119)
219 整除(2) …………………… (119)
220 康托的梳子 ……………… (120)
221 旋转的螺旋 ……………… (120)
222 重力降落 …………………… (121)
223 魔方 ………………………… (121)
224 立方体魔方 ……………… (122)
225 中断的直线 ……………… (122)
226 四色六边形游戏 ………… (123)
227 平方数相加 ……………… (124)
228 不同的数 …………………… (124)
229 填数 ………………………… (125)
230 正方形变成星星 ………… (126)
231 三色环 ……………………… (126)

232 六角魔方 …………………… (127)
233 正多面体环 ……………… (127)
234 图案上色(1) …………… (128)
235 茵菲尼迪酒店 …………… (128)
236 数字迷宫 …………………… (129)
237 色子的总点数 …………… (130)
238 六边形变成三角形 ……… (131)
239 猫窝的门 …………………… (132)
240 分割正方形 ……………… (133)
241 透镜 ………………………… (133)
242 图案上色(2) …………… (134)
243 相邻的数(1) …………… (134)
244 埃拉托色尼的筛网法 …… (135)
245 字母公寓 …………………… (136)
246 重组五角星 ……………… (137)
247 连接色块 …………………… (137)
248 棋盘与多米诺骨牌 ……… (138)
249 聚集太阳光 ……………… (139)
250 移走木框 …………………… (140)
251 相邻的数(2) …………… (141)
252 所有含"9"的数 ………… (142)
253 3 个色子 ………………… (143)
254 分割五角星 ……………… (143)
255 银行密码 …………………… (144)
256 六彩星星 …………………… (144)
257 光的反射 …………………… (145)
258 正方形里的三角形 ……… (146)
259 和或差 ……………………… (146)
260 数字图案 …………………… (147)
261 堆色子 ……………………… (147)
262 七角星 ……………………… (148)
263 镜面七巧板 ……………… (148)
264 伪装 ………………………… (150)
265 金鱼 ………………………… (150)
266 纸条构成的五边形 ……… (151)

267 数列 …………………… (151)
268 穿孔卡片游戏 …………… (152)
269 有洞的色子立方 ………… (152)
270 神奇的九边形 …………… (153)
271 小钉板上的闭合多边形 … (153)
272 多米诺覆盖(1) ………… (154)
273 车的巡游 ………………… (154)
274 拼图 ……………………… (155)
275 自创数 …………………… (155)
276 升旗与降旗 ……………… (156)
277 找错 ……………………… (157)
278 星形难题 ………………… (158)
279 重叠的六边形 …………… (158)
280 多米诺覆盖(2) ………… (159)
281 迷宫 ……………………… (160)
282 莱昂纳多的结 …………… (161)
283 凯普瑞卡变幻 …………… (161)
284 填补空白 ………………… (162)
285 质数加倍 ………………… (162)
286 十二角星 ………………… (163)
287 拼接三角形 ……………… (163)
288 连续的多格骨牌方块(1) … (164)
289 有几个结 ………………… (164)
290 立方体迷宫 ……………… (165)
291 扑克牌 …………………… (166)
292 青蛙和王子 ……………… (166)
293 宝石 ……………………… (167)
294 五边形的变换 …………… (167)
295 连线 ……………………… (168)
296 连续的多格骨牌方块(2) … (168)
297 结的上色 ………………… (169)
298 金字塔迷宫 ……………… (170)
299 计算器故障 ……………… (170)
300 玻璃杯(1) ……………… (171)
301 掷硬币 …………………… (171)

302 帕瑞嘉的正方形 ………… (172)
303 小钉板上的四边形 ……… (172)
304 镜像射线(1) …………… (173)
305 纸条的结 ………………… (173)
306 卡罗尔的迷宫 …………… (174)
307 回文 ……………………… (174)
308 玻璃杯(2) ……………… (175)
309 掷 3 枚硬币 …………… (175)
310 埃及绳问题 ……………… (176)
311 数正方形(1) …………… (177)
312 对结 ……………………… (177)
313 镜像射线(2) …………… (178)
314 蜂巢迷宫 ………………… (179)
315 4 个"4" ………………… (179)
316 变形 ……………………… (180)
317 掷 100 次硬币 ………… (182)
318 反重力圆锥 ……………… (183)
319 数正方形(2) …………… (183)
320 海市蜃楼 ………………… (184)
321 不可思议的鸠尾接合 …… (184)
322 缺失的正方形 …………… (185)
323 4 个数 …………………… (185)
324 孩子的年龄 ……………… (186)
325 概率机 …………………… (186)
326 毕达哥拉斯正方形 ……… (187)
327 面积和周长 ……………… (188)
328 十二边形模型 …………… (188)
329 吉他弦 …………………… (189)
330 正方形折叠(1) ………… (189)
331 数列 ……………………… (190)
332 父亲和儿子 ……………… (190)
333 4 个帽子游戏 ………… (191)
334 把 5 个正方形拼起来 …… (191)
335 小钉板上的图形
     面积(1) ……………… (192)

336 彩色多米诺骨牌(1) …… (192)
337 拼瓷砖 …………………… (193)
338 滑行方块 ………………… (193)
339 足球 ……………………… (194)
340 弹子球 …………………… (195)
341 两个帽子游戏 …………… (195)
342 组合单位正方形 ………… (196)
343 小钉板上的图形
　　面积(2) ………………… (196)
344 彩色多米诺骨牌(2) …… (197)
345 颜色相同的六边形 ……… (197)
346 哈密尔敦路线 …………… (198)
347 数学式子 ………………… (198)
348 木头人 …………………… (199)
349 不幸事件 ………………… (199)
350 用连续的长方形拼起来的
　　正方形 ………………… (200)
351 多少个三角形 …………… (200)
352 彩色多米诺条 …………… (201)
353 8个金币 ………………… (202)
354 哈密尔敦闭合路线 ……… (202)
355 11的一半 ………………… (203)
356 整数长方形 ……………… (203)
357 X问题 …………………… (204)
358 把三角形放进正方形 …… (204)
359 萨瓦达美术馆 …………… (205)
360 蛋糕片 …………………… (205)
361 三角形与三角形 ………… (206)
362 折叠3张邮票 …………… (206)
363 加一条线 ………………… (207)
364 动物散步 ………………… (207)
365 预测地震 ………………… (207)
366 螺旋的连续正方形 ……… (208)
367 三角形的内角 …………… (208)
368 多米诺布局 ……………… (209)

369 长方形游戏 ……………… (209)
370 折叠4张邮票(1) ……… (210)
371 想一个数 ………………… (211)
372 方块里的图形 …………… (212)
373 看进管子里 ……………… (212)
374 卢卡数列 ………………… (213)
375 飞去来器 ………………… (213)
376 成角度的镜子 …………… (214)
377 伐里农平行四边形 ……… (214)
378 折叠4张邮票(2) ……… (215)
379 类似的数列 ……………… (216)
380 7只小鸟 ………………… (216)
381 3个人决斗 ……………… (217)
382 四边形组成的十二边形 … (217)
383 正方形和三角形 ………… (218)
384 多米诺棋子 ……………… (218)
385 级数(1) ………………… (219)
386 折叠6张邮票 …………… (220)
387 冰雹数 …………………… (220)
388 遛狗 ……………………… (221)
389 射击 ……………………… (221)
390 最小的正长方形 ………… (222)
391 瓢虫的位置 ……………… (223)
392 级数(2) ………………… (223)
393 麦克马洪的彩色方块 …… (224)
394 折叠8张邮票 …………… (225)
395 数的持续度 ……………… (225)
396 小学生的日程安排 ……… (226)
397 玩具头 …………………… (226)
398 分割正方形 ……………… (227)
399 绿色与蓝色 ……………… (228)
400 平衡的天平 ……………… (228)

答　案 …………………… (229)

001 蒙德里安美术馆

下面分别有黑白和彩色两组图案，每组有 4 幅图，每 4 幅中有 1 幅是蒙德里安（荷兰著名风格派画家）的原画，其他 3 幅都是用电脑制作的仿制品。请你分别找出这两组图案中的蒙德里安的原画。

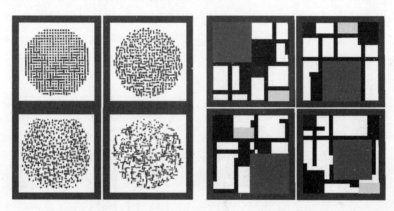

002 芝诺的悖论

芝诺的悖论里面最有名的要数"阿基里斯和乌龟赛跑"。在这个比赛中，阿基里斯让乌龟先跑一段距离。芝诺是这样说的：

当阿基里斯跑到乌龟的起点（A 点）时，乌龟已经跑到了 B 点。现在阿基里斯必须要跑到 B 点来追赶乌龟，但是同时乌龟又跑到了 C 点，依此类推。

芝诺的结论是阿基里斯需要用无限的时间来追赶乌龟。阿基里斯与乌龟的距离越来越近，但是他永远都不可能赶上乌龟；他跑过的路程可以被划分成无数段。当你要移动一段距离，你必须首先移动到这段距离的 1/2 处；而当你要移动到它的 1/2 处，你必须首先移动到它的 1/4 处，以此无限地分下去。我们当然知道人是能够超越乌龟的，那么芝诺的悖论中哪一点错了呢？

003　希罗的开门装置

　　亚历山大城的希罗（公元前 10 年～公元 70 年）的机械发明堪称是古代最天才的发明，完全可以将希罗看作是自古以来第一个，也可能是最伟大的一个玩具发明家。

　　右边的这个开门装置是他所设计的很多种玩具和自动装置的典型代表，它最初是用于宗教目的。这个设计图复制于希罗的原图，它是一个使神殿大门能够自动开合的神奇装置。

　　你能说出这个装置的工作原理吗？

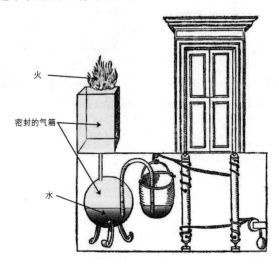

火

密封的气箱

水

004　向上还是向下

　　如果将左下角的红色齿轮逆时针转动，图中的 4 个重物将分别怎样移动？哪两个向上，哪两个向下？

005 西瓜

一辆卡车将总重量为 1000 千克的西瓜运往一个超级市场，西瓜的含水量达到 99％。

由于天气炎热，路途遥远，当卡车到达超级市场时，西瓜的含水量已经下降到了 98％。

不用纸笔计算，仅凭直觉，你能说出到超级市场时西瓜的总重量是多少吗？

006 3个正方形变成1个

你能否用这3个正方形变出1个更大的正方形？

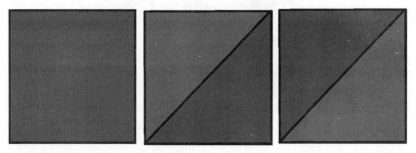

007 找面具

在下边的一组面具中有一个带有生气表情的面具，看看你多久能够找出来。

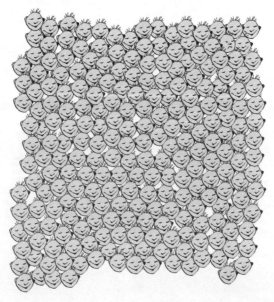

008 九宫图

将编号从 1 到 9 的棋子按一定的方式填入下图中的 9 个小格中，使得每一行、列以及两条对角线上的和都分别相等。

009 最小的图形

马蒂是一个艺术家，他的作品因能给人的视觉带来多样性而备受推崇。如下图，请问马蒂在这 6 幅图中使用了多少种基本图形？

010　有钉子的心

如图所示，大的心形图案上有很多钉子（在图中用黑色的圆点表示），3 个小的心形图案上各有一些小孔（在图中用白色的圆点表示）。现在请你将这 3 个小的心形图案覆盖到中间大的心形图案上，尽量让这些小孔能够覆盖最多的钉子。

提示：可以将 3 个小的心形图案旋转之后再覆盖上去。

011　齿轮转圈

如图所示，4 个齿轮构成了一个闭合装置。4 个齿轮分别有 14，13，12 和 11 个齿。

问最大的那个齿轮转多少圈，可以使所有的齿轮都回到原来的位置（也就是各个标记的齿和图中的黑色三角形再次一一相对）？

012   打喷嚏

人们在打喷嚏的时候通常会把眼睛闭上半秒钟。想象一下，如果你正在以每小时 65 千米的速度驾驶时突然打了一个喷嚏，这时你前面大约 10 米处的一辆汽车为避免撞到一只横穿马路的猫突然刹车。当你睁开眼睛准备刹车时，你的车已经行驶了多远？这场事故可以避免吗？

013   买彩票（1）

一种奖品为高级小轿车的彩票一共发行了 120 张。

有一对情侣非常渴望得到这辆车，因此购买了 90 张彩票。

请问他们不能赢到这辆车的概率是多少？

014 分割空间

假设一个四面体的 4 个顶点都在一个球体内部（顶点不接触球体的边）。这个球体被沿着四面体 4 个面的平面分割成了几部分？是哪几部分呢？

015 排队

看下边的图示，5 个人排成一行（5 个人中男孩和女孩各自的人数不确定），问有多少种排列方法，可以使每个女孩旁边至少有一个女孩？

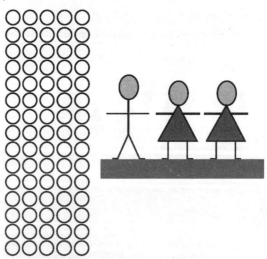

016　四阶魔方

　　将这些编号从 1 到 16 的棋子填入下图的 16 个方格内，使
得每一行、列以及两条对角线上的和相等，且和为 34。

1	9
2	10
3	11
4	12
5	13
6	14
7	15
8	16

017　最小的排列

　　已知图形是一个被对角线分成两个三角形的正方形，这
两个三角形分别为黑色和白色，而且这个正方形可以通过旋转得到 4 种不同
的图案，如下图所示。

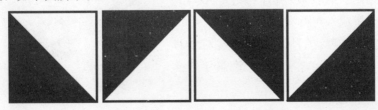

现在把 3 个这样的正方形排成一行，请问一共有多少种排列方法？

018　平方根

有两条线段，一条长度为 α，另外一条长度为 1。现在请你画出一条直线 x，使 x 的长度等于 α 的平方根。

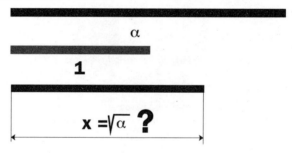

019　齿轮片语

　　如图所示，这 12 个相契合的齿轮周围分别都写有字母（每个齿轮中间的数字代表这个齿轮有多少个齿）。在多次旋转或者局部旋转之后，从左上方的大齿轮（红色）开始，这些齿轮连接处的字母将会顺时针拼成一句英文。

　　你能否告诉我们从现在开始到你能读出一句完整的话，最大的齿轮需要转多少圈？

020　伽利略的斜面实验

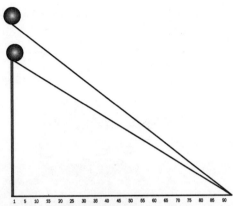

　　将一个小球沿着斜面滚落，标出 1 秒钟后球在斜面上的位置。我们将斜面的总长度分成如图所示的多个等份，你能够在上面分别标出 2 秒、3 秒、4 秒、5 秒、6 秒、7 秒、8 秒、9 秒后小球的位置吗？

　　伽利略的斜面实验是他的著名的自由落体实验的延伸，因为在斜面上滚落的物体和做自由落体运动的物体是相似的（除了斜面上的物体由于受到斜面的摩擦力的作用速度会减慢，这一点很容易观察或者测量出来）。

021　帕斯卡三角形

　　数字与几何学相结合的最经典的例子之一就是著名的帕斯卡三角形。

　　你能够发现帕斯卡三角形的规律吗？请你将第 15 行补充完整。

　　帕斯卡三角形一个显著的特点就是它第 n 行（顶行作为第 0 行）的数字分别为 $(a+b)^n$ 这个式子展开之后各项的系数。比如 $(a+b)^2 = 1a^2 + 2ab + 1b^2$（见右图）。

　　那么 $(a+b)^6$ 展开之后的式子是什么呢？

022 正方形蛋糕

要求把下面这个顶上和四周都有糖霜装饰的蛋糕分成 5 块体积相等，并且有等量糖霜的小蛋糕。

如果蛋糕上没有糖霜或装饰，这个问题就可以用简单的 4 条平行线解决，但是现在问题有点儿麻烦，因为那样做将会使两块蛋糕上有较多的糖霜。

023 瓷砖图案

左下图和右下图是给出的两个瓷砖图案，请问最少需要几种图形来构成这两个图案？

024　宝石徽章

　　你必须一笔把这个饰有宝石的徽章画下来。在画的过程中，你不可以使线条交叉在一起。如果你能在 5 分钟内把它画好，那么绝对有资格担当一名顶级的抄写员。

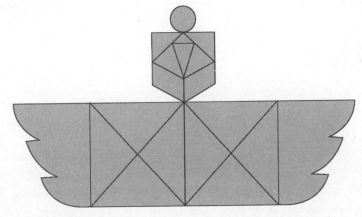

025　第一感觉

　　仅凭你的第一感觉，迅速找出外环的射线中跟图中 4 个正方形内的颜色顺序相同之处。

026 找不同的图形

所给的这些图形中，你能找出哪一个和其他的不同吗？

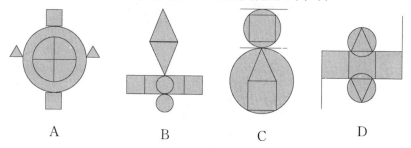

A   B   C   D

027 齿轮带

如图所示，每个齿轮中间的数字代表这个齿轮有多少个齿。左下方的红色小齿轮顺时针旋转一圈需要 12 分钟。两个齿轮带可以通过移动打开两个开关。问这两个开关分别需要多久才能打开？

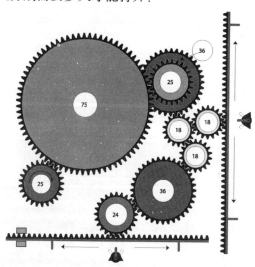

028　赛跑

每个参赛选手都必须匀速跑完 100 米的距离，最先到达终点的选手获胜。

选手 A 抵达终点时选手 B 还差 10 米跑完；选手 B 抵达终点时选手 C 还差 10 米跑完。

请问选手 A 领先选手 C 多少米？

029　帽子与贴纸

有 5 个贴纸，其中 3 个为红色，两个为蓝色。

任意拿出 3 个贴纸分别贴在 3 位数学家的帽子上，并将另外两个藏起来。

这些数学家的任务就是要说出自己帽子上贴纸的颜色（不许看镜子，不许把帽子拿下来，也不能做其他小动作）。

他们中的两个人分别说了一句话

（如图所示）。

请问数学家 C 帽子上的贴纸是什么颜色的？

030　按顺序排列的西瓜

7 个大西瓜的重量（以整千克计算）是依次递增的，平均重量是 7 千克。最重的西瓜有多少千克？

031　保龄球

保龄球队一共有 6 名队员，队长需要从这 6 个人中选出 4 个来打比赛，并且还要决定他们 4 个人的出场顺序。

请问有多少种排列方法？

032　缺失的狭条

　　你能不能把这个图案分成 85 条由 4 个不同数字组成的狭条，使得每个狭条上的数字和都等于 34？

　　用数字 1 到 16 组成和为 34 的 4 数组合共有 86 种交角，右边这个网格图中只出现了 85 条。你能把缺失的 1 条找出来吗？

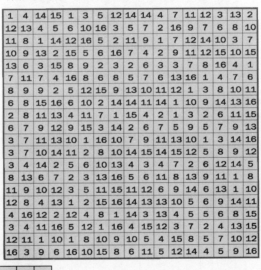

033　猫和老鼠（1）

　　右边的游戏界面上放了 3 只猫和两只老鼠，每只猫都看不见老鼠，同样老鼠也都看不见猫。（猫和老鼠都只能看见横向、纵向和斜向直线上的物体。）

　　现在要求再放 1 只猫和两只老鼠在该游戏界面上，使上面的条件仍然成立，你可以做到吗？不能改变游戏界面上原有的猫和老鼠的位置。

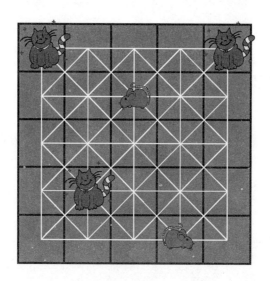

034 进入迷宫

找出到迷宫中央的路线。

035　齿轮游戏

右图是 9 个相互契合的齿轮，怎样转动可以使它们之间相接的 12 个交点处的颜色都相同？

036　直尺下落

用一只手握住直尺的顶端，另一只手的食指和拇指放在直尺下端，但不能碰到直尺，如图所示。

松开握住直尺顶端的手，让直尺下落，你会发现在它下落的过程中，你可以毫不费力地用处于直尺下端的手指捏住直尺。和你的朋友们一起做这个实验，你松开直尺的同时让他们去抓，试试看，你会发现，对他们来说捏住直尺并不是一件容易的事情为什么呢？

037　赌博者的色子问题

掷 1 个色子，掷 4 次，至少掷到一次"6"的概率是多少？

038　下落的砖

要掉在砌砖工头上的砖有多重？假设它的重量是 1 千克再加上半块砖的重量。

039　杂技演员

　　36个杂技演员（其中21个穿蓝色衣服，15个穿红色衣服）组成了如图所示的金字塔形。这一表演需要极大的平衡力、极高的注意力，以及之前仔细精准的计划。按照某种规定，这个金字塔的组成必须包含以下几个条件：

　　1. 最下面的一排必须是4个穿蓝色衣服的演员和4个穿红色衣服的演员。

　　2. 穿蓝色衣服的演员必须要站在一个穿蓝色衣服的演员和一个穿红色衣服的演员上。

　　3. 穿红色衣服的演员必须要站在两个穿红色衣服或者两个穿蓝色衣服的演员上。

　　你能将他们正确地排列吗？

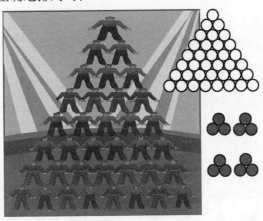

040　沿铰链转动的双层魔方

　　沿着铰链翻动标有数字的方片会覆盖某些数字并翻出其他数字：每个方片背面的数字是和正面一样的，而在每个方片下面（即第二层魔方）的数字则是该方片原始数字的2倍。

　　如果要得到一个使得所有水平方向的行、垂直方向的列以及两条对角线上的和分别都等于 34 的魔方，需要翻动多少方片和哪些方片？

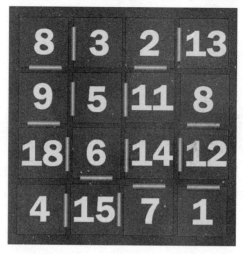

041 六边形

正六边形的对角线将其划分为 6 个部分，用黑白两种颜色给这些部分上色，一共有 64 种上色方法。

现在已经画出了其中的 32 种情况。

你能够画出另外的 32 种吗？（同一图形的旋转被认为是不同的情况。）

042　数圆点（1）

请你数出右图中有多少个圆点，你需要多少时间？

你能在 30 秒之内完成这个任务吗？

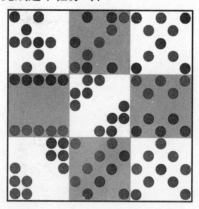

043　齿轮正方形

下图为 8 个相互契合的齿轮，转动其中的一个小齿轮多少圈，可以使这 8 个齿轮形成如右图中间所示的样子，即齿轮中间形成一个黑色的正方形？

图中的小齿轮都是 20 个齿，大齿轮都是 30 个齿。

044 填数字

问号的地方填上什么数字可以完成这道难题?

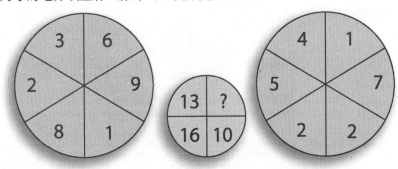

045 掷色子

你的朋友掷 1 次色子,然后你再掷 1 次。
你掷的点数比你的朋友高的概率是多少?

046 T 时代

你可以把右边这 4 个图片拼成一个完整的大写字母 T 吗？

047 液体天平——浮力

图一：天平是平衡的。天平左端的盘子上是一个装满水的容器，右端是一个重物。

图二：重物从天平的右端移到左端，而且该重物完全浸入容器中的水里面。

很明显现在左端要比右端重。

请问：为了继续保持天平的平衡，现在天平的右端应该放上多重的物体？

图一

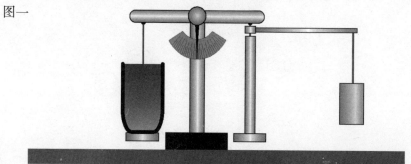

图二

048 贝克魔方

你能将数字1到13填入下图中的灰色圆圈中，使得每组围绕彩色方块的6个圆圈之和相等吗？

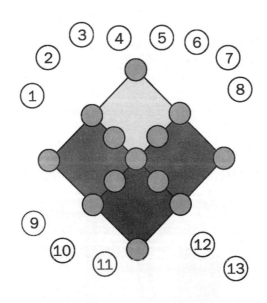

049 精确的底片

如图所示，红色方框里有 3 对图案，其中的每对图案中，右边的图案是左边图案的底片，也就是说每一对的两个图案应该是相互反色的。

现在把蓝色方框里 A、B、C 图案中的 1 个覆盖在红色方框每对图案中右边的图案上，都能够使红色方框里的图案满足上面的条件，即每一对的两个图案相互反色。

问应该是 A、B、C 中的哪一个？

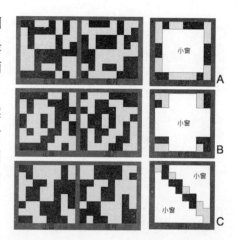

050 数圆点（2）

请你以最快的速度数出图中有多少个圆点？

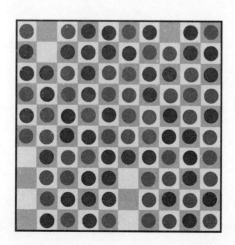

051 齿轮六边形

下图为 6 个相互契合的齿轮，转动其中
的一个大齿轮多少圈，可以使这 6 个齿轮形
成如右图中间所示的样子，即齿轮中间形成
一个黑色的六边形？

图中的大齿轮都是 30 个齿，小齿轮都是
20 个齿。

052 简谐运动

如图所示，在一个摆锤上安装一支笔，
使其在摆动过程中在前进的纸上画出它的运动轨迹。最终我们将会得到一条
曲线。

你能够在结果出来之前就说出这条曲线是什么样子的吗？

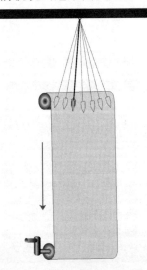

053　图形与背景

　　很多图案通常都由主体图形和背景两部分组成。比如左边的这个图案，有一部分是主体图形，其余的则是背景。主体图形看上去会比较突出，甚至感觉从纸上凸显出来，而背景则相反。

　　你能找出左边这个图案的主体图形吗？是画有放射线条纹的部分，还是画有同心圆环的部分？或者都不是？

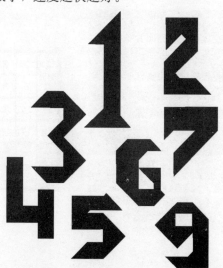

054　七巧板数字

　　用七巧板拼出图中所示的数字，速度越快越好。

055 图案速配

试试看，用最快的速度从右页上分别找出与本页的 30 幅图完全相同的图案。

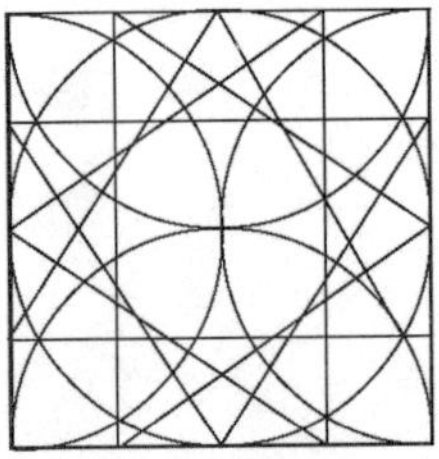

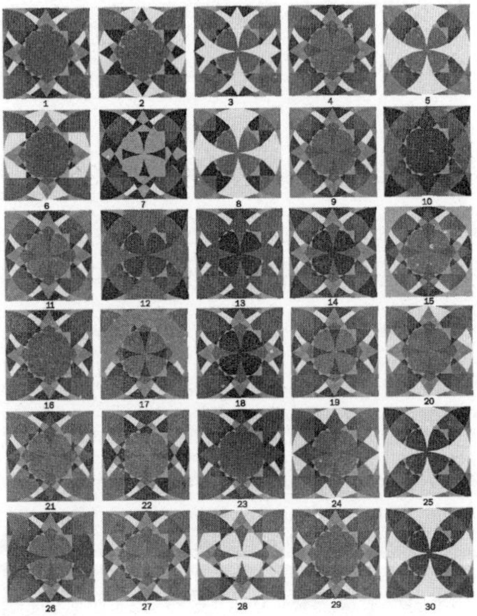

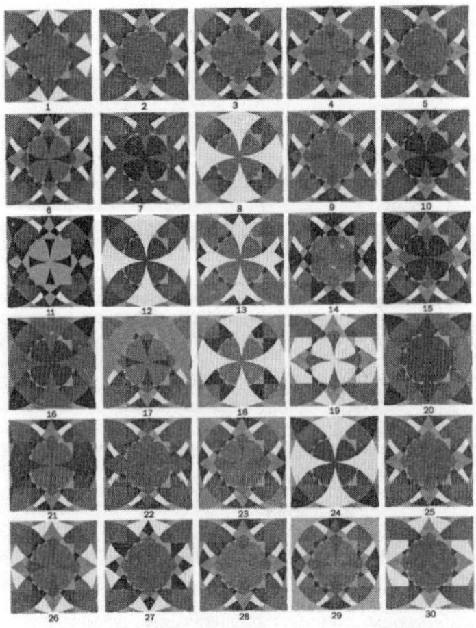

1	2	3	4	5
6	7	8	9	10
11	12	13	14	15
16	17	18	19	20
21	22	23	24	25
26	27	28	29	30

056　3个小正方形网格

你能否将右边的格子图划分成 8 组，每组由 3 个小正方形组成，并且每组中 3 个数字的和相等？

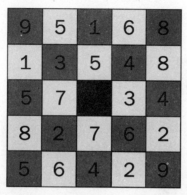

057　落水的铅球

如下图所示，水池的边上有一个铅球，这个铅球有可能直接掉到水池里，也有可能掉到水池中的汽船里。

问：掉到水池里和掉到汽船里哪一种情况下水池的水面上升得更高一些？

058 8个多格拼板（1）

如图所示，有8个多格拼板，其中有1个多米诺拼板（即由两个大小相同的正方形组成）、两个三格拼板和5个四格拼板。

5个四格拼板的总面积为20个单位面积。请问你能将它们正好放进4×5的长方形中吗？

前3个多格拼板

后5个多格拼板

4×5长方形

059 哥伦布竖鸡蛋

有一个非常著名的问题：怎样把一个鸡蛋竖起来？根据记载，克里斯托弗·哥伦布知道答案。

故事是这样的：西班牙的贵族们给哥伦布出了一个难题，要求他把一个鸡蛋竖起来。

所有人都认为他不可能做到。哥伦布拿起鸡蛋，轻轻地敲破了鸡蛋一端的一点儿蛋壳，轻而易举地就把鸡蛋竖起来了。这个故事的寓意在于，很多看上去非常困难的事情很可能会有一种非常简单的解法。

如果要求不能弄破蛋壳，你还能把一个鸡蛋竖起来吗？

060　共振摆（1）

　　两个摆可以有很多种不同的组合方式，最简单的方法就是把它们用绳子挂起来，如图所示。你可以用一支铅笔和两颗珠子来制作这个装置。分别用绳子将两个"摆锤"一起系在连接作用的绳子上，这样它们摆动的时候就正好与这根绳子垂直。

　　如果你用手拉动其中一颗珠子让其运动起来，那么这个装置会发生什么变化？

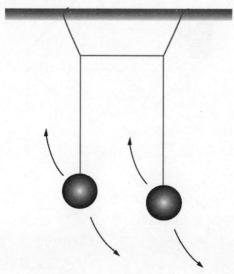

061 中空的立方体（1）

想象你从 6 个不同的角度和方向看进一个中空的立方体。这个立方体内有一个图案，每次你从一个角度看进这个立方体时，你只能够看到这个图案的一部分。最后从 6 个不同的角度，你会看出整个图案，请你将完整的图案画到下边 7×7 的格子里。

062 多边形七巧板

你可以用七巧板拼出 1 个三角形、6 个四边形、两个五边形，还有 4 个六边形吗？这 13 个多边形的轮廓现在已经给出了。

正方形已经拼好，你能用七巧板拼出另外 12 个图形吗？

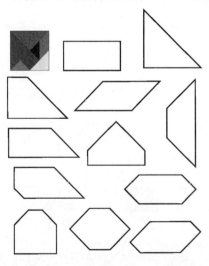

063　3道菜

　　从下边菜单给出的3组菜中分别选出1道菜，即一共要选出3道菜，请问一共有多少种选择方法？

064　六阶魔方

　　将数字1到36填入缺失数字的方格中，使得每一行、列及两条对角线上的6个数之和分别都等于111。

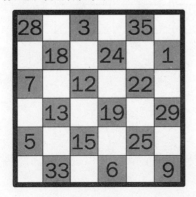

065 黑白正方形

如上图所示，一个正方形被分成相等的 8 个区。

如果正方形 8 个区中的两个区被涂上了颜色，我们称该正方形为"1/4 上色正方形"；如果正方形 8 个区中的 4 个区被涂上了颜色，我们称之为"1/2 上色正方形"。

请问通过不同的涂色方法分别可以得到多少个"1/4 上色正方形"和"1/2 上色正方形"？图形的映像和旋转不算作新的图形。

1. 你能够画出 6 个不同的"1/4 上色正方形"吗？
2. 你能够画出 13 个不同的"1/2 上色正方形"吗？

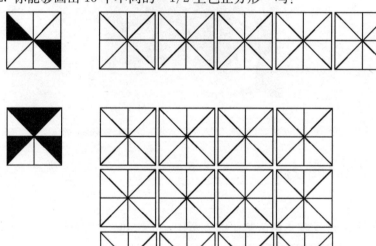

066 8个多格拼板（2）

题 058 中的 8 个多格拼板的总面积为 28 个单位面积。请问你能将它们正好放进这个 4×7 的长方形中吗？

4×7长方形

067 倒三角形

如图所示，每1块积木上面有两块积木。

问这样的结构可以搭多高都不倒塌？

068 共振摆（2）

一根水平的横杆上悬挂着3对摆，如图所示。每对摆（两个颜色相同的摆）摆长都相同。

将6个摆中的任意1个摆摆动起来，横杆可以将这种摆动传递到其他5

个摆上去。想象一下，最后会出现什么结果？

069　中空的立方体（2）

　　一个立方体的底被分成了 6 × 6 格子，格子有黑白两种颜色。

　　通过从 4 个不同的角度看进这个立方体，你能够把完整的格子图案画进空白格子里吗？

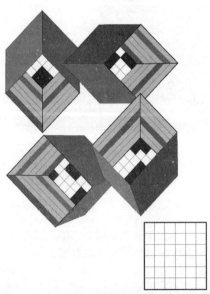

070　象形的七巧板图形

右边的所有图形都是用七巧板拼起来的。你可以拼出来吗？

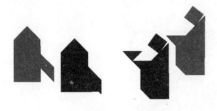

071　买彩票（2）

在买彩票的时候，买彩票者需要从 1 到 54 这些数字中任意选出 6 个数字，这 6 个数字可以以任何顺序排列。

请问有多少种选择？

072 八阶魔方

本杰明·富兰克林的八阶魔方诞生于 1750 年，包含了从 1 到 64 的所有数字，并以每行、每列的和为 260 的方式进行排列。

你能填出缺失的数字吗？

52		4		20		36	
14	3	62	51	46	35	30	19
53		5		21		37	
11	6	59	54	43	38	27	22
55		7		23		39	
9	8	57	56	41	40	25	24
50		2		18		34	
16	1	64	49	48	33	32	17

073 二进制图形

如下图所示，4×4 的正方形分别被涂上了黑色和白色。

现在的任务是通过下面的规则将正方形中所有黑色的格子都变成白色：你每次可以选择任一横行或者竖行，将该行的所有格子都变色（全部变成黑色格子或全部变成白色格子），不限次数。

请问用这种方法将所有黑色格子全部变成白色格子最少需要变多少次？

074　多形组拉丁拼板（1）

　　试着将右边这 6 个拼板重新组合成一个大正方形，使这个正方形每一行和每一列的 6 个小正方形颜色都不同。这个大正方形叫作拉丁正方形。

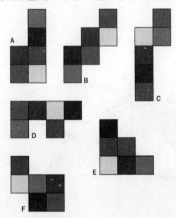

075　机会平衡

　　如图所示，请问有多少种方法可以将这 5 个重物放在天平上，并且保证天平处于平衡状态？

　　记住：一个重物离天平的支点越远，它对天平施加的力就越大。因此在图中标号 2 处的重物对天平施加的力是图中标号 1 处的 2 倍。

076　1 吨重的摆

图中是一个非常结实的重达 1 吨的摆，然而这个男孩只用一块小小的磁铁就让这个摆开始摆动。你知道他是怎么做到的吗？

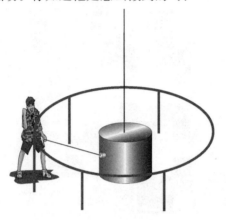

077　弄混了的帽子

3 个人在进餐馆时将帽子存在了衣帽间，但是粗心的工作人员将他们的号牌弄混了。等他们出来时，至少有一个人拿到的是自己的帽子的概率是多少？

078　三角形七巧板

　　把一个正三角形分割成 6 个三角形，它们的角度分别是 30，60，90。我们就得到一组图形，它们可以被拼成大量的图形。

　　你可以拼出左边的 3 个轮廓，并且继续发明一些图形和题目吗？

079　夫妻圆桌

有 3 对夫妻围坐在圆桌边，他们的座位顺序需满足下面的条件：

1. 男人必须和女人相邻；

2. 每个男人都不能跟自己的妻子相邻。

请问满足这两个条件的排序方法一共有多少种？

080　阿基米德的镜子

镜子可以在科学、魔术以及日常生活中创造不可思议的功绩。

伟大的希腊数学家阿基米德富于想象力地将镜子用于许多创造发明中。根据古代著作，他最杰出的功绩就是在公元前214年罗马舰队围攻西西里岛城市叙拉古时，他用镜子将太阳光集中反射到罗马船只上并使其着火。

我们可能永远都无法得知阿基米德是否成功地用镜子保卫叙拉古免受侵略。但是，他有可能办到这件事吗？

081　珠子和项链

现在你手上有3种颜色的珠子——红、绿、黄。将这些珠子串成项链，每条项链由5颗珠子组成，这5颗珠子中有两颗是同一种颜色，两颗是另一种颜色，剩下1颗是第3种颜色。

问按照这一规则一共可以串出多少条符合条件的项链？

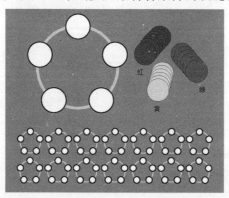

082 多形组拉丁拼板 （2）

试着将右边这 7 个拼板重新组合成一个大正方形，使这个正方形每一行和每一列的 7 个小正方形颜色都不同。

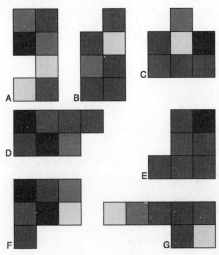

083 平衡游戏板

常常可以在儿童游乐场看到平衡游戏板，它非常有趣。我们这里的思维游戏就和它有关。

相等的重物（这里用红色圆圈表示）放在游戏板上的某些空白处（用白色圆圈表示）。

请问如果该游戏板的支点在它的中心（图中黑色圆点处），那么还需要在游戏板的哪些空白处增加多少个重物才能使它保

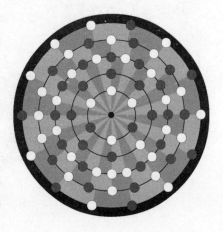

持平衡？

084　增大体积

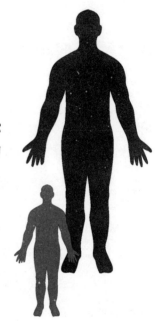

如果地球上的所有东西的长度都变成原来的 2 倍（也就是说，所有测量长度的工具都变成原来的 2 倍），那么你的体重会比原来重多少？

085　顶点的正方形

有些三维幻觉在平面上也会出现。

在所给出的这幅图中，你看到了什么？一个小正方形在一个大正方形的一角外面？一个小正方形在一个大正方形的一角里面？还是一个大正方形的一角被挖去了一个小正方形？

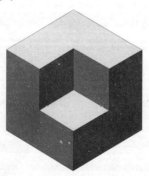

086　分割棋盘

把棋盘分割开，用分出来的碎片拼出下面的英文单词，并且，每个单词后面都有一个小圆点。

087　圆桌骑士

让8位骑士围坐在圆桌边，每个人每次都要与不同的人相邻，满足这一条件的座位顺序一共有21种。现在已经给出了1种。可以用1～8这8个数字分别代表8位骑士，请你画出其他的20种座位顺序。

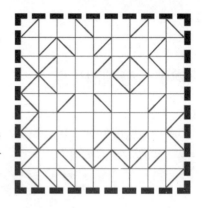

088 光路

下图镜子迷宫里的红线条都是双面镜。通过哪个缺口进入能指引一束激光穿过这个镜子迷宫?

089 成对的珠子

现在你有 4 种颜色的珠子,要求你将这些珠子串成一条项链,使你无论沿着顺时针方向还是逆时针方向,图 2 所示的 16 种珠子组合都会在项链上出现一次。

图 1 的项链是由 32 颗珠子组成的,但是你会发现在这条项链上 16 对珠子组合中的好几对都出现了不止一次。现在的问题是,满足条件的项链最少应该由多少颗珠子组成?

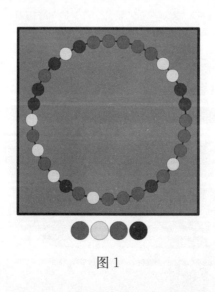

图 1

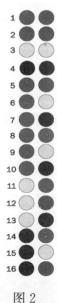

图 2

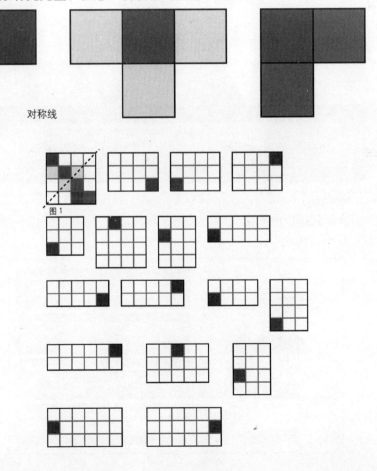

090　多格拼板对称

　　将下面的单格拼板、T 形的四格拼板和 L 形的三格拼板拼成一个对称的图形，见图 1。

　　拼出的图形既可以是轴对称图形也可以是中心对称图形，用这 3 个拼板你能拼出多少个对称图形？一共可以拼出 17 个对称图形，是不是超出了你的想象？在另外的 16 个图形中，我们已经给出了单格拼板的摆放位置，你能否将这些图形补充完整？注意：拼板格的颜色不用对称。

对称线

图1

091　小球平衡

如图所示，8 个可以滑行的小球悬在一个横框下面，它们可以滑行到 11 个齿的任何一个下面。一共有 4 种不同重量的小球：

黄色小球：1 单位重量

红色小球：2 单位重量

绿色小球：3 单位重量

蓝色小球：4 单位重量

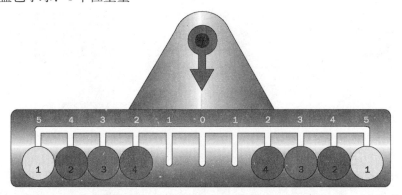

在下面的 4 个问题中，横框的右边已经分别悬了 3 个小球。请你将左边的 5 个小球悬到横框的左边（包括横框中间的齿），使横框保持平衡。红色实线右边不允许再悬挂小球。

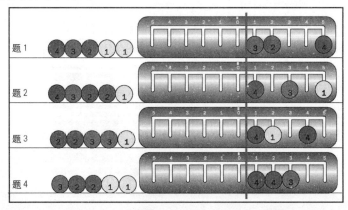

092 "楼梯"悖论

如果我们将正方形如图所示无限地分割下去，这个"楼梯"的长度（图中红线标出部分）最终等于多少？

到第10代时一共会有多少级"楼梯"？

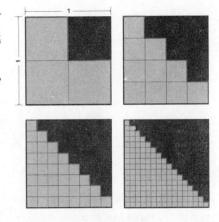

093 密码

你能看出如图所示的是哪几个英文字母吗？

094　五角星

你能用 6 个直角三角形拼出 1 个五角星吗？

095　动物转盘

　　如图，这个转盘的外环有 11 种动物。请在转盘的内环也分别填上这 11 种动物，使这个转盘能满足下列条件：无论转盘怎么转动，只可能有一条半径上出现一对相同的动物，而其他的半径上全部是不同的动物。问满足这种条件的排序一共有多少种？

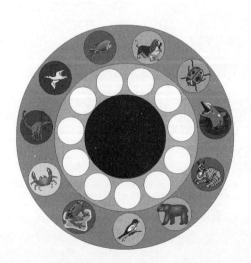

096　火柴光

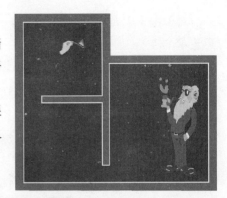

　　想象下边这个布局中的 3 个房间的墙上（包括地板和房顶）都铺满镜子。房间里一片漆黑。

　　一个人在最上面的房间里划了一根火柴。那么在下面右边房间里吸烟的人能看到火柴燃烧的映像吗？

097　六边形游戏

　　如图所示，请你把游戏板外面的 16 个六边形放入游戏板中，使游戏板内的黑色粗线连成一个封闭的图形。各个六边形都不能旋转；更具有挑战性的是，16 个六边形中每两个相邻的六边形颜色都不能相同。

098　数字展览

对于古希腊人来说，数字就是一切。在我们今天的艺术展览中，数字就是艺术。

有些艺术家喜欢偶数，另外一些则喜欢奇数。

看下边的这几幅作品，不通过计算，仅凭直觉，你能否说出哪些是偶数，哪些是奇数？

099　多格拼板矩形

最少用几个同样的多格拼板可以组成一个矩形，这个个数就是该多格拼板的序号。允许旋转拼板。

根据上面的定义，序号为 1 的多格拼板本身就是一个矩形。

你能否找出右边 4 个多格拼板的序号？

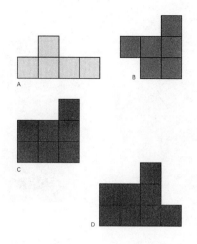

100　无限与极限

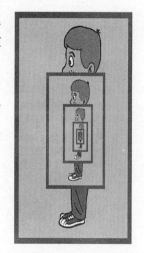

　　如图所示，每一个方框里面的图的宽与高分别是上一个图的一半。可以想象一下，这样划分下去会有无数幅图。如果把这些图从下到上一个接一个地挂在墙上，最终会有多高呢？

　　在这些图片里有无数个小男孩，如果他们每个人站在另一个人的头上，这样依次站上去组成一个"塔"，那么这个"塔"最终会有多高呢？

101　滚动立方体

　　一个立方体可以有 24 种不同的摆放方式。

　　图 1 是一个立方体的展开图，该立方体的每一面都被分成了 4 种不同的颜色。将这幅展开图复制，剪下来，然后折叠，你会得到一个立方体，它的 24 种不同的摆放方式如图 2 所示。

　　如果将这个立方体在一块板上从一个面滚到另一个面，并且使每一面的方向都不同，请问这个板最小多大？

图 1：彩色立方体的展开图
将它涂上颜色，剪下来，折叠，然后用胶水粘起来，白色三角形是粘有胶水的部分。

图 2：一个立方体有 24 种不同的摆放方式

102 心形七巧板

　　用 9 片心形七巧板图片拼出这两个黑色剪影。完成题目后，试着继续发现一些图形和题目。

103 蛋卷冰激凌

　　一个 3 层的蛋卷冰激凌，口味分别是草莓、香草和柠檬。请问你拿到这个冰激凌从上到下的口味排列正好是你最喜欢的顺序的概率是多少？

104　转角镜

　　如右图所示，一个男孩分别从 1 面平面镜和两面以 90°角相接的镜子中观察自己。男孩的脸在两种镜子中所成的像是一样的吗？

105　正方形游戏

　　在如图所示的各个正方形上分别标注了一个起点和一个终点，同时图 1 一共给出了 13 条不同长度和方向的线段。选择图 1 中的线段把正方形里的起点和终点连接起来，要求用上尽可能多的线段，而且各线段之间不能相交。

　　对于边长为 2，3，4 的正方形，答案已经给出了。现在请你找出边长为 5 和 6 的正方形的最佳答案（也就是用上最多的线段）。

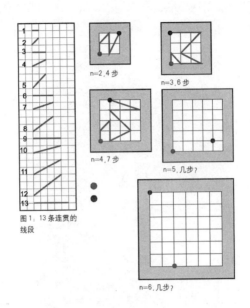

图 1：13 条连贯的
线段

106 五格拼板

上面是 12 个五格拼板，你能否将它们正好放进右页的表格中，只留下中间 4 个黑色的格子？允许旋转拼板。

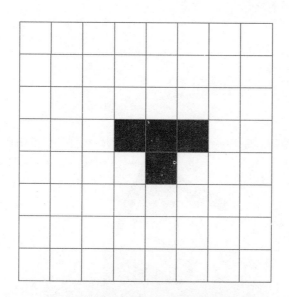

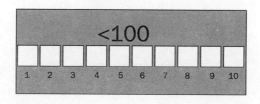

107 数字筛选

请你选出 10 个小于 100 的正整数。然后从这 10 个数中选出两组数，使它们的总和相等。每一组可以包含一个或者多个数，但是同一个数不能在两组中都出现。请问是否无论怎样选择，这 10 个数中总是可以找到数字之和相等的两组数呢？

下面是一个例子：

1   2   4   6   11   24   30   38   69   99

     2   +   30 + 38   = 70

     1   +   69   = 70

108 黑色图形的面积

你能够根据勾股定理的公式 $a^2 + b^2 = c^2$ 求出图中黑色图形的面积吗？

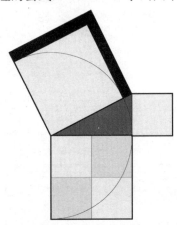

109 滚动色子（1）

使色子的一面与棋盘格的大小相等，然后将色子滚动到邻近的棋盘格，那么每移动一次，色子朝上那一面的数字就会变化。

如图所示，一个色子放在棋盘格的中央，要求滚动 6 次色子，每次滚动一面，使得它最后落在图中红色的格子里，并且色子的"6"朝上。

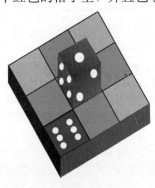

110　圆形七巧板

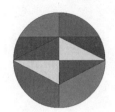

　　用 10 片圆形七巧板图片拼出下面的两个剪影。每个图片都可以翻转使用。

　　你还可以拼出哪些图形?

111　传音管

　　图中的两个小孩离得很远,而且他们中间还隔着一堵厚厚的墙。他们试着通过两根长长的管子来通话,如图所示。请问在哪种情况下他们能够通过管子听到对方讲话?

112　曲面镜

　　如图所示，男孩看左边的凸面镜发现自己是上下颠倒的。然后将镜子翻转 90°。这时候男孩看到的自己是什么样子的呢？

113　虹吸管

　　在左图所示的一个密封的模型中，液体被储存在最下面的空厢里。请问如果把整个模型倒过来（见右图）会出现什么样的情况？

114 六格拼板

六格拼板是包含 6 个格子的多格拼板。

六格拼板一共有 35 个，它们可以覆盖一个 15×15 的正方形，中间留下一个 3×5 的矩形。

你能将上面所给出的 12 个六格拼板填入右页的拼图中，将拼图补充完整吗？

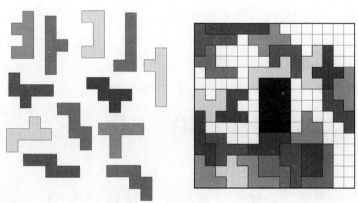

115 总长度为 10

如图所示，使用一套奎茨奈颜色棒可以组合出几种总长度为 10 的形状。如果使用多套奎茨奈颜色棒就可以组合出更多总长度为 10 的形状。

请问可以组合出多少套呢？

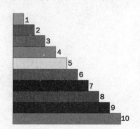
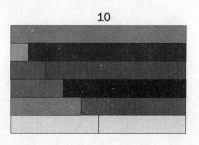

116 等差级数

如果一个级数的每一项减去它前面的一项所得的差都相等，这个级数就叫作等差级数。

如：

2 4 6 8　　　0 阶

2 2 2　　　　1 阶

上边是一个等差级数，我们很容易看出等差为 2。

但是在等差级数中，并不是所有的等差都这么容易看出来，尤其是在高阶等差级数中，需要进行多阶分析。

你能否判断出下面问号处各应该填上什么数吗？

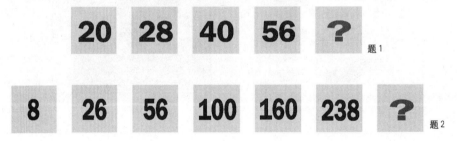

| 20 | 28 | 40 | 56 | ? | 题1 |

| 8 | 26 | 56 | 100 | 160 | 238 | ? | 题2 |

117 滚动色子（2）

如图所示，你能否将 6 个色子分别滚动 6 次，滚动到指定的格子里，并且最后朝上的那一面分别是 "1"、"2"、"3"、"4"、"5"、"6"？

118 对角线问题

在长方形的格子里画出对角线。

对角线穿过每个格子中几个小正方形?

在 10 × 14 长方形中,对角线穿过了几个小正方形?

你可以概括这个问题,并且总结出对于任何长方形都成立的规则吗?

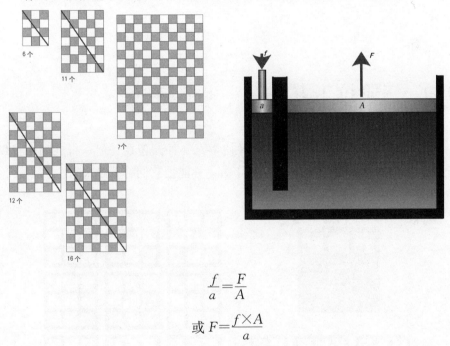

6个

11个

?个

12个

16个

$$\frac{f}{a} = \frac{F}{A}$$

$$或 F = \frac{f \times A}{a}$$

119 帕斯卡定理

上图是液压机的一个模型,从中我们可以清楚地看到它的机械利益(一台机器产生的输出力和应用的投入力之间的比率)。这个液压机有两个汽缸,每个汽缸有一个活塞。

一个容器内静态的液体中任意一点受到压力都会均衡地传播到容器内的每一点。这个结论是 300 多年前法国人巴斯·帕斯卡发现的。所有将液体从一处抽到另一处的装置都是利用了这一原理。

利用帕斯卡定理的例子有液压泵、印刷机、起重机以及水力制动系统。

上面这个模型中：

小活塞的面积是 3 平方厘米；

大活塞的面积是 21 平方厘米；

机械利益为 21 ÷ 3 = 7。

请问小活塞上面需要加上多少力，才能将大活塞向上举起 1 个单位的距离？

120　三阶拉丁方

你能将这些色块分配到网格中并使得每一种颜色在任何一行或列中仅仅出现一次吗？有 12 种不同的三阶拉丁方。你能把它们都找出来吗？

121　颜色密码

你能解出下图中的颜色密码吗？

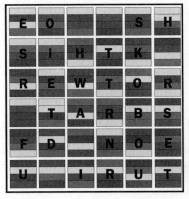
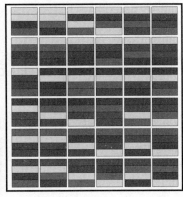

122　多格六边形

　　将几个正六边形组合起来有很多种方法。这里画出了从单格到四格的正六边形组合。

　　将 2 个正六边形组合起来只有 1 种方法（二格六边形）。

　　将 3 个正六边形组合起来有 3 种方法（三格六边形）。

　　将 4 个正六边形组合起来有 7 种方法（四格六边形）。

　　请你将这些多格六边形放进图 1 的游戏板中，只允许剩下 3 个没有用到。

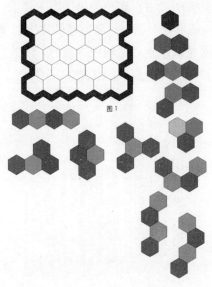

图 1

123　奎茨奈颜色棒游戏

只用一套奎茨奈颜色棒，你能否将下边的空白图形填满

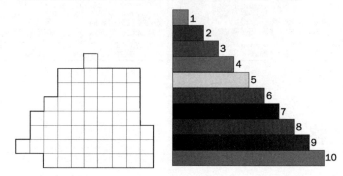

124　摩天大楼的顺序

如图所示的这个摩天大楼的设计方案被否决了，原因是这 9 栋楼的排列方式太死板了。

出于美观及其他方面的考虑，客户提出了以下要求：

9 栋楼必须在同一条直线上，而且每栋楼的高度必须各不相同。其中不能有 3 栋以上的楼的序号是从左到右递增或递减的，不管这 3 栋楼是否相邻。

你能给出至少两种符合客户要求的排列方式吗？

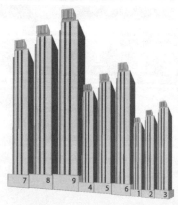

125 飞上飞下

图中哪只昆虫飞得更高，是左上角的那只还是右下角的那只？

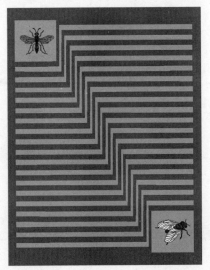

126 正方形分割问题

你可以用几种方法把 1 个正方形分割成 6 个相似的等腰直角三角形？

有 27 种不同的答案，其中的一些已经列出来了。你还可以找到其他的吗？

127 圆的弦相交问题

这里有 3 组 3 个相交的圆，分别找出每组圆的 3 条公共弦的交点，再把这些交点连接起来，看看会组成一个什么样的图形？

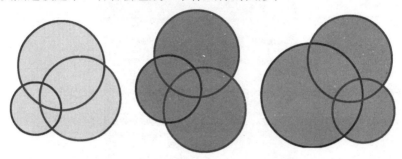

128 四阶拉丁方

你能将这些色块分配到网格中并使得每一种颜色在任何一行或列中仅仅出现一次吗？

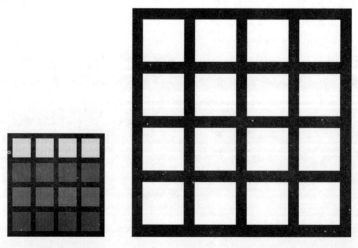

129　链条平衡

　　如图所示，天平一端的盘里装了一条链子，这条链子绕过一个滑轮被固定在天平另一端的盘子上。

　　如果现在把天平翘起的空盘的这端往下压，会出现什么情况？

130　五格六边形（1）

　　5格正六边形有 22 种组合方法，如下图所示。

　　你能否将这 22 个五格六边形全部放进空白的游戏板中去？

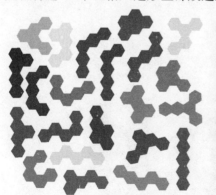
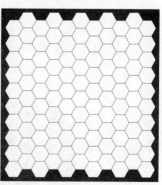

五格六边形游戏板

131　数字 1 到 9

　　将数字 1，2，3，4，5，6，7，8，9 分别填入等式的两边，使等号前面的数乘以 6 等于后面的数。

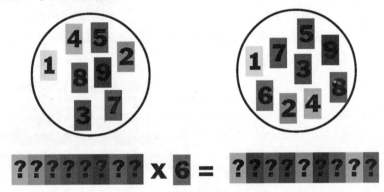

132　睡莲

　　一个小池塘里的睡莲每天以 2 倍的速度增长。如果池塘里只有 1 朵睡莲，那么需要 60 天睡莲才会长满一池塘。

　　按照这个速度，如果池塘里有 2 朵睡莲，那么多少天之后睡莲会长满池塘？

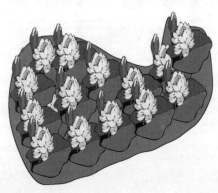

133 红色圆圈

　　在这幅视错觉图中，红色的圆圈与黄色三角形的 3 个顶点的相交处似乎凹下去了，事实上是不是如此呢？还有，它是个标准的圆吗？

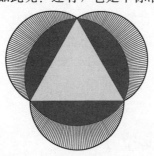

134 圣诞节风铃

　　这个风铃重 144 克（假设绳子和棒子的重量为 0）。
　　你能计算出每一个装饰物的重量吗？

134 圣诞节风铃
这个风铃重144克（假设绳子和棒子的重量为0）。
你能计算出每一个装饰物的重量吗？

135   半径与面积

如图所示，在大圆里按照一定的规律划分出不同的小圆。

请问：橙色的圆与黄色的圆的面积之间有什么关系？同样，其他颜色的圆与它外面的圆的面积之间有什么关系？

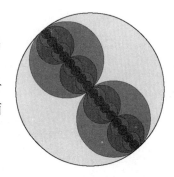

136   五阶对角线拉丁方

你能用图 1 的颜色填满右边的两个魔方网格，使得每种颜色在每一行、列以及两条对角线上都只出现 1 次吗？

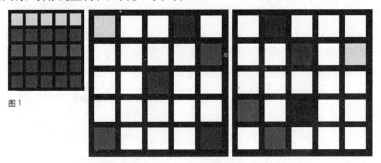

图 1

137   柜子里的秘密

我的电脑桌旁边的一面墙上有一些小的木柜子，平时可以放一些小东西，我就把自己的收藏分别放在这些柜子里。放的时候我按照英文字母的排列顺序，如图所示，这个顺序能够提示我记住密码。

你能猜出我的密码是什么吗？

138　五格六边形（2）

你能说出这 4 个五格六边形中哪些在右边的图形中没有用到吗？

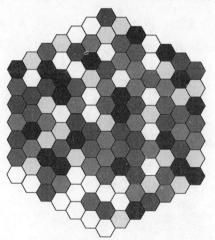

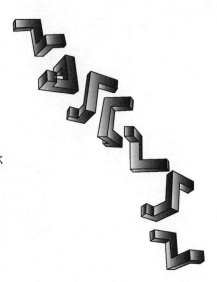

139　旋转的物体

这是一个三维物体水平旋转的不同
角度的视图，但是它们的顺序被打乱了，你
能否将它们按照原来的顺序排列？

140　雪花曲线

图1所示的是"雪花分形"的前4步，由等边三角形开始，然后把三角
形的每条边三等分，并在每条边三分后的中段向外做新的等边三角形，但要
去掉与原三角形叠合的边。对每个等边三角形继续上述过程，不断重复，便
产生了雪花曲线。

图2显示的则是反雪花曲线。依然是从等边三角形开始，但我们画的小
三角形是向内而不是向外的，并将画出的小三角形去掉，如此进行到第5步，
就得到了黄色区域所显示的图形。

随着这个过程的无限反复，雪花曲线的周长和面积的极限是多少？

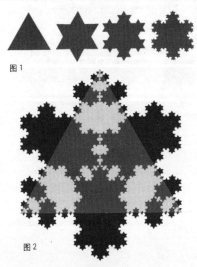

图1

图2

141　点与线

如图所示，10 条线之间一共有 10 个交点。

其中 5 条线与其他线有 2 个交点，另外 5 条线与其他线有 4 个交点，这些交点为 4 条线或 2 条线的相交处。

保持线和点的数量不变，你能否构建一个结构，使每条线上有 3 个这样的交点——这些交点都是由 3 条线相交而成，不是由 3 条线相交而成的点，你可以忽略不计。

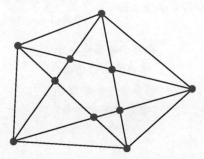

142　4 个力

这 4 个力是作用在同一个点上的（蓝点）。力的大小以千克为单位。

你可以算出它们合力的大小吗？

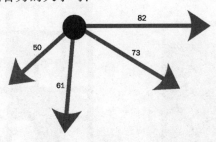

143   电影胶片

假设这 3 幅图都是电影胶片，那么你能不能想象一下，把这 3 张胶片重叠起来会得到一个什么样的图案呢？

144   六阶拉丁方

按如下规则填满这个魔方网格：每种颜色在每一行、列中只出现一次，你能办到吗？（可以有多种解法。）

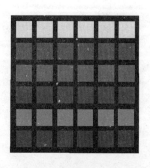

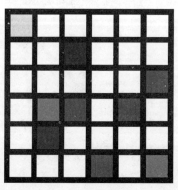

145 拼图游戏

　　问1：如图所示，用剪刀把卡片的边角剪下不相等的两部分。现在你能用剪刀把这张形状已经改变的卡片剪成相同的两半吗？

　　问2：将图形分成相等且相同的四部分，并且使得它们能够重新拼合为一个完整的正方形。

问1：

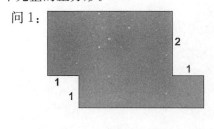

问2：

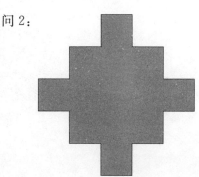

146 棋盘正方形

　　在一个象棋棋盘上一共有多少个正方形？你可能会想当然地说是 64 个。不要忘了，除了小的棋盘格以外，还有比它大的正方形。

　　你能说出这个棋盘上正方形的总数吗？

　　你能找到一种计算大正方形（边长包含 n 个单位正方形）里所含的所有正方形的个数的公式吗？

147　轨道错觉

　　开普勒（1571～1630）发现了行星围绕太阳运转的轨道是椭圆形的。请问下图中的这个轨道是椭圆形的吗？

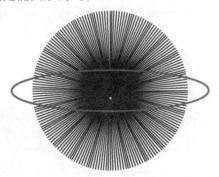

148　正方形里的正方形

　　将一个正方形的每条边都三等分，就可以得到 9 个小正方形，如图 1 所示。将最中间的小正方形涂成黄色。接下来将剩余的 8 个蓝色小正方形用同样的方法分别分成 9 个更小的正方形，将中间的小正方形也分别涂成黄色。

　　如果无限重复这个过程，最后黄色部分的面积与最初的蓝色正方形的面积之间有怎样的关系？

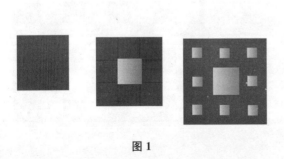

图1

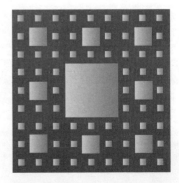

149 轮盘赌

有没有一种方法让你在轮盘赌中一定会赢？

150 3个重量

你有 3 个形状相同、重量不同的盒子。用一架天平称它们的重量，你需要称几次就可以把它们由轻到重排列？

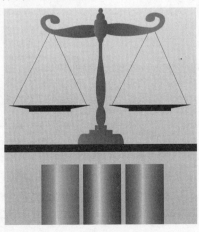

151 阿基米德的盒子

据记载，这个跟七巧板类似的有关分割的游戏是由阿基米德发明的，它又被称为"阿基米德的盒子"。

如图所示，一个 12 × 12 的正方形由 14 块不同形状的图形组成。

在这个题目中，每一块碎片的面积都是给定了的。

现在请问，你能否算出每一块碎片的面积？

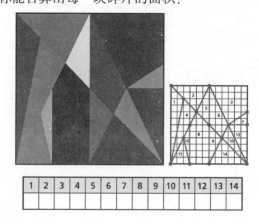

1	2	3	4	5	6	7	8	9	10	11	12	13	14

152 七阶拉丁方

用 7 种不同的颜色将这个 7 × 7 的魔方填满，使得每一行、列包含各种颜色且每种颜色只能出现一次。（可以有多种解法。）

颜色已经被标号，你可以用数字填入魔方中。

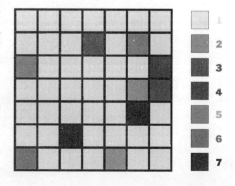

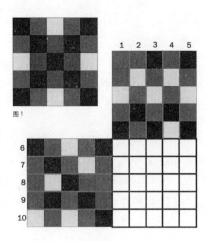

153 折叠问题

沿着蓝色的线分别把空白正方形上边和左边的正方形剪开。

把这些剪开的纸条向空白的正方形折叠，使该正方形的颜色跟图1的颜色相同。请问应该怎样折叠？

154 六格三角形

图1中已经放入了3个六格三角形，你的任务就是将剩下的9个六格三角形放进去，将图补充完整（可以旋转六格三角形）。

图1

12个六格三角形

155 坐标

下面这个表格中，坐标的各交点位置的值为其周边 4 个数字之和。回答下面这些问题：

(1) 交点值为 100 的 3 个交点分别是哪几个？

(2) 哪个（些）交点的值为 92？

(3) 有多少个交点的值小于 100？

(4) 交点的最大值是多少，共出现几次？

(5) 哪个交点的值最小？

(6) 哪个（些）交点的值为 115？

(7) 有多少个交点的值为 105，分别为哪几个？

(8) 有多少个交点的值为 111，分别为哪几个？

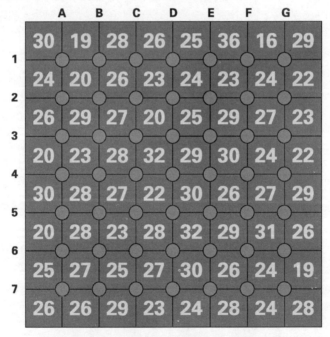

156　西尔平斯基三角形

　　西尔平斯基三角形是这样得到的：将1个等边三角形分成4个全等的小三角形，将中间的小三角形去掉，形成一个黑色的三角形。然后将余下的三角形按照同样的方法继续分割，这个过程可以无限重复。达到极限之后所得到的图形叫作西尔平斯基碎形。西尔平斯基（1882～1969）在1916年发明了这个碎形。

　　下面已经将西尔平斯基三角形的3次分割画了出来，你能够画出第4次分割之后的图形吗？

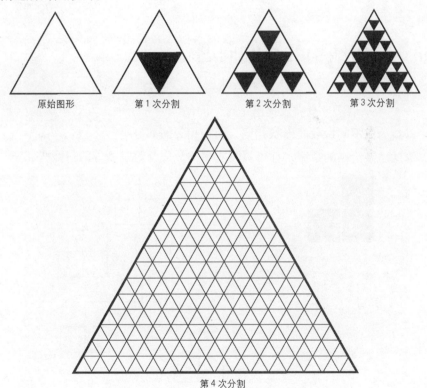

第4次分割

157　灌铅色子

怎样才能迅速地辨别灌铅色子呢?

158　L 形结构的分割问题

　　1990 年福瑞斯·高波尔提出了这个问题:由 3 个小正方形组成的 L 形结构可以被分成不同份数的形状相同、面积相等的部分吗?

　　依据已经给出的数字,你可以将它平均分成与数字相等的份数吗?

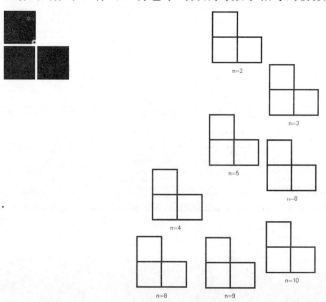

159　双色珠子串

你有红色和蓝色两种颜色的珠子，每种珠子各 10 颗。将这些珠子串成一串，这一串的第一颗珠子是红色的。

现在我们把这一串中连续的几颗珠子称为一个"连珠"。连珠的长度取决于它所包含的珠子的颗数。

含 2 颗珠子的连珠我们称为"二连珠"。问可能有多少种二连珠？

含 3 颗珠子的连珠我们称为"三连珠"。问可能出现多少种三连珠？

含 4 颗珠子的连珠我们称为"四连珠"；含 5 颗珠子的就是"五连珠"，依此类推。也就是说，含 n 颗珠子的连珠我们称为"n 连珠"。

如果要求一串珠子全部由二连珠组成，且整串珠子中不能出现两个一模一样的二连珠，问这串珠子最长有几颗珠子？

如果要求一串珠子全部由三连珠组成，且整串珠子中不能出现两个一模一样的三连珠，问这串珠子最长有几颗珠子？

160　魔轮

将内魔轮与外魔轮以同心圆的方式咬合（结果如图 1 所示）——必要时可以转动魔轮——使得任何一条直径上的数字和都相等。

图 1

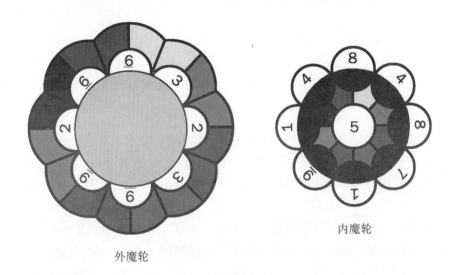

外魔轮   内魔轮

161   第5种颜色

1975年4月,《美国科学报》发表了该报数学版记者马丁·加德纳的一篇文章,文章中称威廉·M．C．格雷格——纽约的图论学家发明了一张地图,这张地图至少要用5种不同的颜色上色,才能使地图上每两个相邻地区的颜色不同。

图1就是一张用上了5种颜色的地图。请问你能用更少的颜色上色,并使之满足条件吗?

162　六格三角形拼板

　　在 12 个六格三角形中，有 5 个是对称的，有 7 个是不对称的。

　　如果我们将不对称的 7 个六格三角形的镜像也算上（如图所示），一共就是 19 个六格三角形。它们与一个 3×3 的正六边形游戏板的总面积正好相等。

　　那么，19 个六格正方形能否正好放进这个游戏板中吗？

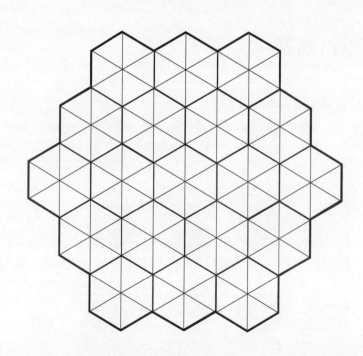

163 小猪存钱罐

我的零花钱总数的 1/4，加上总数的 1/5，再加上总数的 1/6 等于 37 美元。

请问我一共有多少钱？

164 空白的圆

请在空白圆中画出正确的图形。

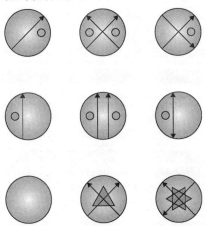

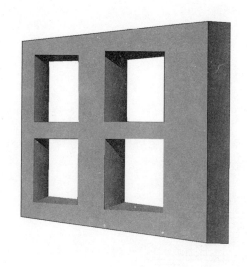

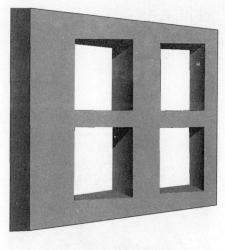

165　旋转的窗户

　　将给出的窗户和鸟复制或剪下来，用胶水粘成上图的样子。在粘之前用一个夹子将小鸟夹在窗户上，如图所示。

　　将粘好的窗户和小鸟挂在一根绳子上，让它慢慢旋转。然后站得远一点儿，闭上一只眼睛看这个结构。

　　几秒钟后你会看到什么呢？你一定会大吃一惊的。

166 把正方形四等分

有 37 种不同的方法把一个 6×6 正方形分成 4 个全等的部分（旋转和反射不可以看作是新方法）。你能把它们都找出来吗？

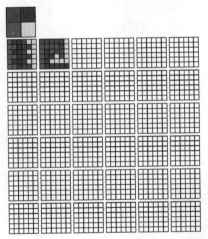

167 六边形的星星

如图 2 所示，在圆上取 6 个相互之间等距离的点，这 6 个点用不同的连线方式可以画出不同的星形，如图 1 所示。

请问：你能找出图 1 中众多星星中与众不同的那一个吗？

图1

图2

168　三阶反魔方

在三阶反魔方中，每一行、列以及两
条对角线上的和全都不一样。

三阶反魔方可能存在吗？

169　图案上色

现在要给这两幅图分别上色，问至少需要几种颜色才能使每幅图中相邻
的两个图形颜色不同？

这里的相邻图形指两个图形必须有 1 条公共边，而不能只有 1 个公共点。

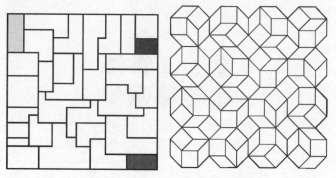

170 七格三角形

　　七格三角形是由 7 个全等三角形组合而成的，一共有 24 个。这 24 个七格三角形中有多少个可以用来铺地板（也就是说，无数个这一图形可以无限地铺下去，每两块之间都不留缝隙）。有人证明了只有 1 个不可以。

　　你能把这 1 个找出来吗？

171 三角形数

　　你能将前 10 个自然数（包括 0）分别填入三角形中，使三角形各边数字的总和都相同吗？

　　你能找出几种方法？

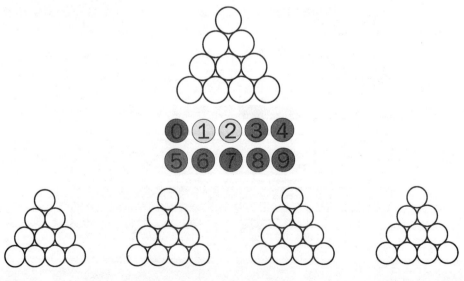

172 循环图形（1）

循环图形是由一个移动点的运动轨迹所组成的几何图形。你可以把它想象成是一只小虫根据一定的规则爬行：

这只小虫首先爬行 1 个单位长度的距离，转弯；再爬行两个单位长度，转弯；再爬行 3 个单位长度，转弯；依此类推。每次转弯 90°，而它爬行的最大的单位长度有一个特定的极限 n，之后又从 1 个单位长度开始爬行，重复整个过程。

你可以在一张格子纸上玩这个游戏。上面已经给出了 n＝1，2，3，4，5 时的循环图形，你能画出 n＝6，7，8，9 时的循环图形吗？

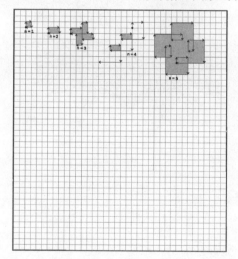

173 数学家座谈会

在一个座谈会中共有 7 位著名数学家出席，其中 3 位有胡子。这 7 位数学家将沿着一个长桌子的一边坐成一条线。

请问 3 位留胡子的数学家正好相邻坐着的概率为多少？

174 炸弹拆除专家

时钟在嘀嗒作响，你必须在它爆炸之前拆除炸弹的引信，可以把它的线剪成两部分，即从底部的蓝线到顶部的绿线，穿过中间错综复杂的红色线网，剪尽可能少的次数。你可以剪断这些线，但是不要剪到中间的连接结点（黄色的圆点）。

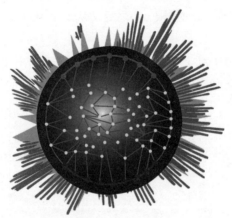

175 求 C 值

题中 A 和 B 的值都已给出，求 C 的值。

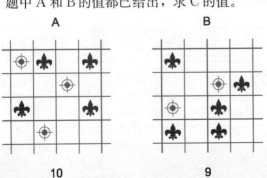

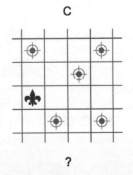

176 保险箱

这是一个很特殊的保险箱。最后一个按钮上标有"F",根据所给的提示,找出密码的第一位。比如 1i 指向里移一格,1o 则向外移一格,1c 表示顺时针移动一格,1a 表示逆时针移动一格。注意:每个按钮只能按一次。

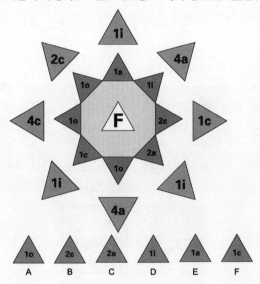

177 帝国地图

假想一张特殊的帝国地图,图上每个国家都包含 m 个分离的区域。那么涂色时,属于同一国家的所有区域都用同一种颜色上色。如果规定任何两个相邻的区域的颜色必须不同,那么最少要用多少种颜色上色?当 m＝1 时,就是四色问题,最少要用 4 种颜色;m＝2(试想象每个国家

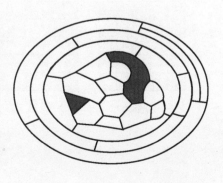

都有一块不与本土相连的属地）时，这个问题的解就应该是 12，即至少需要用 12 种颜色上色。

你能够用 12 种颜色来给这张地图上色吗？

178 镜像

这是一个镜像问题，参照所给例子的解决方法，找出所给选项中错误的一个。

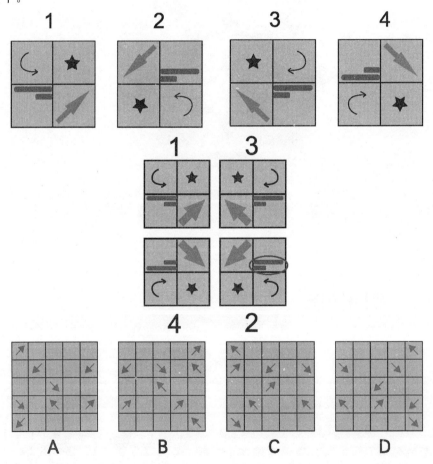

179　中心六边形数

　　下面分别是前 5 个中心六边形数。之所以叫中心六边形数，是因为它们都是从中心向外扩展的。

　　你能否算出第 6 个中心六边形数？

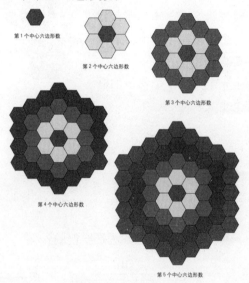

第1个中心六边形数

第2个中心六边形数

第3个中心六边形数

第4个中心六边形数

第5个中心六边形数

180　循环图形 （2）

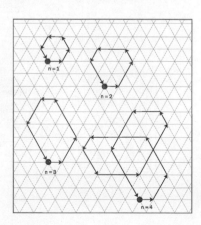

　　右边的循环图形每次转弯时逆时针旋转 60°。图中已经画出了 n＝1，2，3 和 4 时的图形。

　　你能画出 n＝5，6，7 和 8 时的图形吗？

181 两个家庭

两个家庭分别有 8 个孩子，一个家庭全部是男孩；另一个家庭全部是女孩。由于生男孩和女孩的概率为 50 对 50，那么你认为生 4 个男孩和 4 个女孩比生 8 个男孩或者 8 个女孩的概率要大吗？

生 8 个女孩和生 4 个男孩 4 个女孩的概率分别为多少，哪个更大？

182 门

动脑筋想一想，哪一扇门的安装方法是错误的？

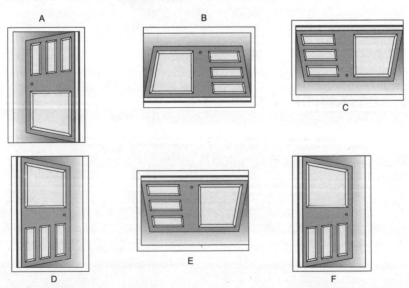

183 拇指结

有 3 个相交之处的拇指结是最简单的结
（如图 1 所示），它也是其他很多种复杂的结的
基础。

在图 2 中，拇指结绳子的末端在绳子上再
次绕了两下。请问：现在拉一下绳子的末端，
这个结会被打开吗？

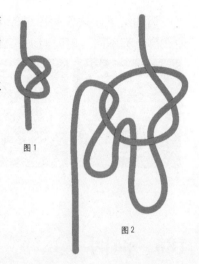

图 1

图 2

184 魔"数"蜂巢

将数字 1 到 9 填入下图的圆圈里，使得与某一个六边形相邻的所有六边
形上的数字之和为该六边形上的数字的一个倍数。你能做到吗？

185   曲线上色

　　请你给下面这 4 幅图里的曲线上色，使每两条在图中灰色的节点相接的曲线颜色都不同。请问最少需要用多少种颜色来上色？

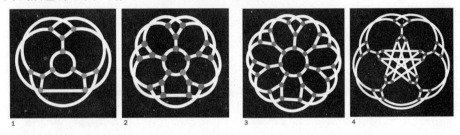

186   渔网

　　你能将外面的 18 条"鱼"全部放进中间的"渔网"中吗？

$$\begin{array}{r} 111 \\ 333 \\ 555 \\ 777 \\ +999 \\ \hline 1111 \end{array}$$

187　加减

从右边竖式里去掉 9 个数字，使得该竖式的结果为 1111。

应该去掉哪 9 个数字呢？

188　最长路线

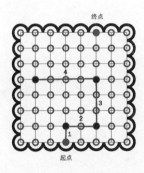
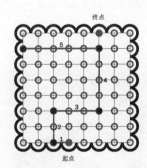

在这个游戏里，需要通过连续的移动从起点到达终点，移动时按照每次移动 1，2，3，4，5，……个格子的顺序，最后一步必须正好到达终点。

必须是横向或是纵向移动，只有在两次移动中间才可以转弯，路线不可以交叉。

上面分别是连续走完 4 步和 5 步之后到达终点的例子。你能做出下边这道题吗？

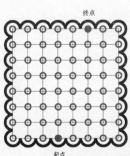

189 两个孩子的家庭

一个女人和一个男人各自有两个孩子。

女人的孩子中至少有一个是男孩。

男人的孩子中那个年纪大一点儿的是男孩。

请问女人和男人各自有两个男孩的概率相等吗？

190 六边形的分割

如图 1 所示，一个正六边形被平均分成了 8 部分。这是两种可能的分法之一。你能找出另一种吗？

提示：图 2 的格子会对你有帮助。

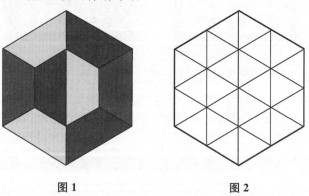

图 1   图 2

191 五角星魔方

你能将数字 1 到 12（除去 7 和 11）填入右图的五角星上的 10 个圆圈上，并使任何一条直线上的数字之和等于 24 吗？

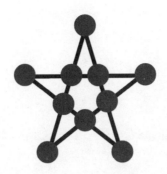

192 最短的距离

我有 10 个朋友住在同一条街上，如图所示。现在我想在这条街上找一个点，使这一点到这 10 个朋友家的距离最近。

请问这一点应该在哪里呢？

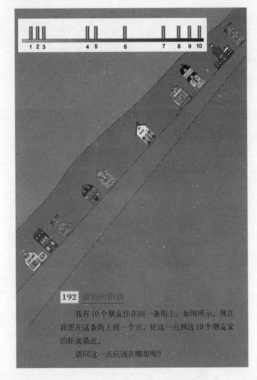

192 最短的距离

我有 10 个朋友住在同一条街上，如图所示。现在我想在这条街上找一个点，使这一点到这 10 个朋友家的距离最近。

请问这一点应该在哪里呢？

193 中心点

如下图，这 6 个红色的圆点中哪一个是这个大圆的圆心？

194 纪念碑

这个纪念碑是由一定数量的同一种图形构成的。请你说出这个纪念碑一共是由多少个同样的小图形组成的？

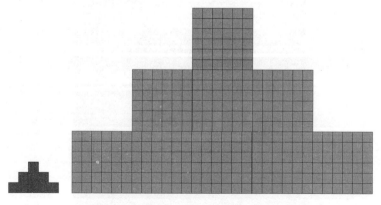

195　8个"8"

将8个"8"用正确的方式排列，使得它们的总和最后等于1000。

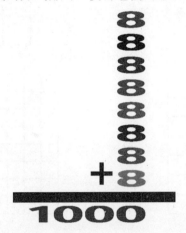

196　细胞路线

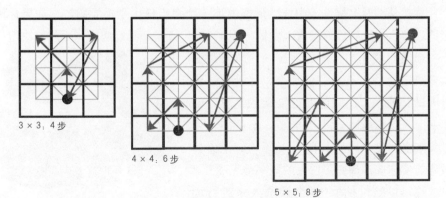

3×3：4步

4×4：6步

5×5：8步

这个游戏的目标是从起点（图中黑色的点）出发，连续地从一个正方形移动到另一个正方形。将起点所在的正方形作为长方形的一端或一角，每次移动到长方形的另一端或其对角。每次移动的长方形的大小按照如下的顺序：

1×2，2×2，1×3，2×3，1×4，2×4，1×5，2×5，1×6，2×6，依此类推。

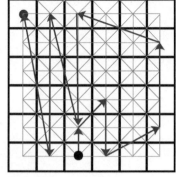

所有的路线不能交叉，但是可以多次经过同一点。

上面的 4 幅图分别画出了前 4 种大小正方形里满足条件的最长路线。在边长为 7 和 8 的正方形里，最多可以走多少步呢？

6×6；10步

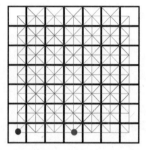

7×7
几步？

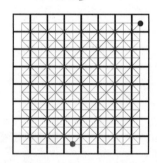

8×8
几步？

197　最好的候选人

你想从 100 名候选人中选出最好的那一个来担任一个重要职位。如果你随机选，那么你选到最好候选人的概率为 1/100，这是毫无疑问的。因此你决定一个一个地面试他们。你每面试一个人，都必须要决定他是不是最好的那个，尽管你还没有面试其他人。让问题变得复杂的是你每筛掉一个人，你就永远失去他了，不可能再回过头来去找他。在这样的情况下，应该怎样做才能使你选到最好候选人的概率最大呢？

你可以随机抽取 10 个候选人来进行面试，然后从这 10 个人中选出最好的那一个。这样做你抽到 100 个人中最好候选人的概率为 1/4——比 1/100 要好，但还是有较大的风险。

在你选中比前面的人都要优秀的人之前，你需要面试多少个人？

198 逻辑推理

按照这个顺序，接下来的图形是选项中哪一个？

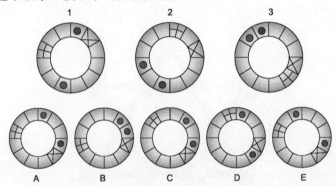

199 肥皂环

如图所示，一根垂直的铁丝上绑了两个相互平行的铁丝环。

请问：如果将这个结构放进肥皂水中，附着在这个结构上的肥皂膜的最小表面积的表面是什么样子的？

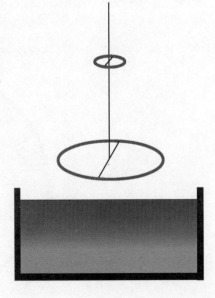

200 六角星魔方

你能将数字 1 到 12 填入下边的六角星的圆圈中，使得任何一条直线上的数字之和为 26 吗？

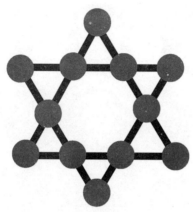

201 蜈蚣

这条"蜈蚣"中间所有横线都等长吗？

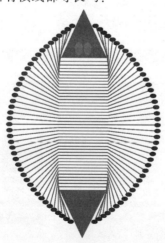

202　平行线

下面有些线是平行的，有些不是。你能够区分出它们吗？

203　总和为15

请问下面的这行数中有多少组连续的数字相加和为15？

7356432633183741

204　细胞变色

图案的变色遵循这样的规律：每次变色，每个格子的颜色都是由与它横向与纵向相邻的格子的颜色决定的。

对于一个黑色格子来说，与它相邻的格子中黑色多于红色，那么这个格子将会变成红色；而如果与它相邻的格子中红色多于黑色，那么这个格子依旧保持黑色不变。对于一个红色格子来说，情况则完全相反，如果与它相邻的格子中红色格子居多，那么它将改变颜色；如果黑色居多，则颜色不变。对于相邻的格子红色和黑色相等的情况，这两种颜色的格子都分别保持原来的颜色不变。见下图所给出的示范。

下面的图形经过多少次变色之后就会重新变回到第二次变色之后的图形？

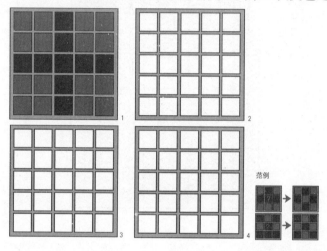

205　掷到"6"

如果你连掷一个色子6次，其中至少有一次掷到"6"的概率为多少？

206 21个重物

你有21个相同的盒子，它们中的一个比其他的稍微重一点儿。用一架天平，你需要称几次就可以找出那个比较重的盒子？

207 左撇子和右撇子

一个班级里的学生有左撇子、右撇子，还有既不是左撇子也不是右撇子的学生。在这道题目里，我们把那些既不是左撇子也不是右撇子的学生看作既是左撇子又是右撇子的学生。

班上1/7的左撇子同时也是右撇子，而1/9的右撇子同时也是左撇子。

问班上是不是有一半以上的人都是右撇子？

208　七角星魔方

你能将数字 1 到 14 填入右边的七角星圆圈内，使得每条直线上数字之和为 30 吗？

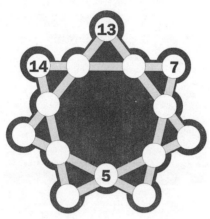

209　垂直的剑

你怎样看才会觉得这幅图里的剑是三维的，且是垂直向外指出来的？

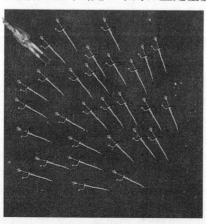

210　书虫

　　这只书虫要吃如图所示的 6 本书。它从第 1 本书的封面一直吃到第 6 本书的封底。这只书虫一共爬过了多远的距离？

　　注意：每本书的厚度是 6 厘米，包括封面和封底。其中封面和封底各为 0.5 厘米。

211　整除（1）

　　可以被下面的所有数整除的最小的数是多少？

1 2 3 4 5 6 7 8 9

212　平方数的诡论

　　每一个整数都有一个平方数。那么平方数的数量与整数的数量是否相等？

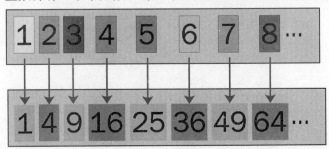

213 掷6次

如果你连掷一个色子6次，6种点数每种分别掷到1次的概率为多少？

214 炮弹降落和开火

如果这3门大炮在同一时间开火。最上方的大炮沿着地平线在同一高度平行发射，左下方的大炮与地平线成45°角发射，右下方的大炮垂直与水平线成90°角发射。

哪一个炮弹最先接触到地面？剩下的将以什么顺序降落？

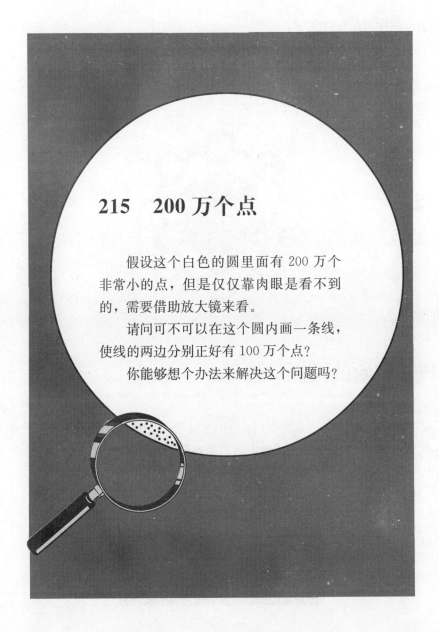

215 200万个点

假设这个白色的圆里面有 200 万个非常小的点，但是仅仅靠肉眼是看不到的，需要借助放大镜来看。

请问可不可以在这个圆内画一条线，使线的两边分别正好有 100 万个点？

你能够想个办法来解决这个问题吗？

216 八角星魔方

你能将数字 1 到 16 填入右边的八角星圆圈内，使得每条直线上数字之和为 34 吗？

217 中断的圆圈

一个完整的圆圈被一张黑色的卡片遮住了一部分，只用眼睛看，你能不能告诉我们卡片上面的 7 条弧线中哪 1 条是圆圈上的弧线？

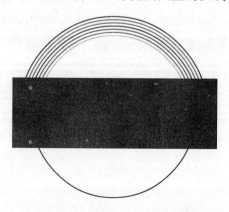

218 地图上色

给下面的 3 幅地图上色，使有重叠部分的任意两个地区的颜色都不同。
每幅地图最少需要几种颜色？

219 整除（2）

只看一眼，你能否告诉我们下边的这 5 个数哪些可以被 4 和 8 整除？

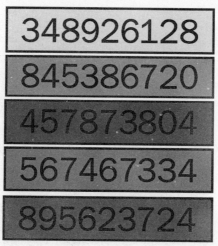

220　康托的梳子

　　取一条长度为 1 的直线，将它中间的 1/3 去掉，然后再去掉余下每一段中间的 1/3，无限重复这个过程，最后就形成了我们所说的康托的梳子。

　　你能找出一个公式来概括第 n 次变化之后，梳子所剩下的齿的总长度吗？

221　旋转的螺旋

　　在 19 世纪初，罗伯特·亚当斯有过这样的经历：当他盯着瀑布看了几秒钟之后，再看周围的物体，所有的物体看上去都在离他远去。

　　同样的效果可以通过盯着一个旋转的螺旋达到，如右图所示（不过你需要用手来旋转它）。

　　根据螺旋旋转方向的不同，螺旋会出现看上去在远离你或者是靠近你两种现象。盯着旋转的螺旋的中心 30 秒，再看上图的船。

你会看到什么现象?

222　重力降落

如果你从北极打一个洞一直通到南极,然后让一个很重的球从这个洞里落下去,会发生什么(忽视摩擦力和空气阻力)?

223　魔方

图中一共有多少个立方体?

224　立方体魔方

你有 16 个黄色、16 个红色、16 个蓝色和 16 个紫色的数字。你能将它们放进 4×4×4 的立方体内，使得任何一行或列上的 4 个小立方块中都不存在两个或两个以上相同颜色的数字吗？

225　中断的直线

两条相交的直线被一张黑色的卡片遮住了一部分，只用眼睛看，不用直尺，请问图中这 9 条彩色的线中哪一条是原相交直线上的部分？

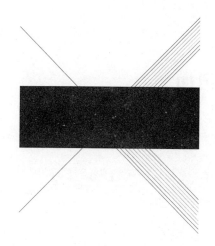

226　四色六边形游戏

　　这是一个双人上色游戏，这里一共用到的有黄、绿、蓝、红 4 种颜色。两个人轮流选择颜色，给 1 个小六边形上色。相邻的两个小六边形的颜色不能相同，同时最外圈的小六边形的颜色不能与游戏板的颜色相同。两个玩家轮流上色，不能再上色的玩家即为输家。

　　如果将这个游戏作为一个题目来看，你能不能把上面所有的六边形都上色？

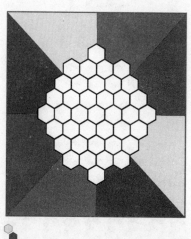

227　平方数相加

你能否将下面的两个整数分别写成平方数相加的形式？

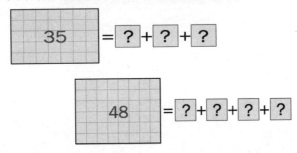

228　不同的数

你能找出这8个数里面与众不同的那一个吗？

31

331

3331

33331

333331

3333331

33333331

333333331

229 填数

把下列数字填入表中的空白处。

横向：

30　74　87　93　018　042　133　148　273　298　306　326　359
386　390　467　496　516　519　563　619　649　659　691　697
721　735　929　954　989　2768259　4346540　5783968　6281307
6445535　6490916　6906308　7590936　9473460　9798259

纵向：

043　192　313　333　344　460　521　863　928　165263　320469
372108　697469　0840396　0929969　2369674　3268959　4906736
5176453　5364749　6089148　7485571　7533652　7934895　9219367
9452695　9497059　9687097　9759968

230　正方形变成星星

如图所示，一个正方形被分成了 6 部分。
把它们复制并剪下来，拼成一个规则的六角星。

231　三色环

如图所示，大圆半径是小圆半径的两倍，请问红色、蓝色和绿色部分的面积之间有什么关系？

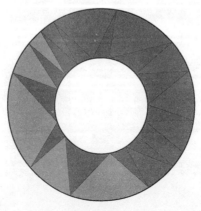

232 六角魔方

能否将数字 1 到 12 填入多边形的 12
个三角形中，使得多边形中的 6 行（由 5
个三角形组成的三角形组）中，每行（每
组）的和均为 33？

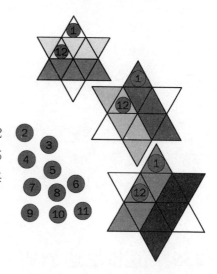

233 正多面体环

8 个正八面体可以组成一个多面体的环，如下图所示。
请问其他的几种正多面体用同样的方法能否组成这样的多面体环？

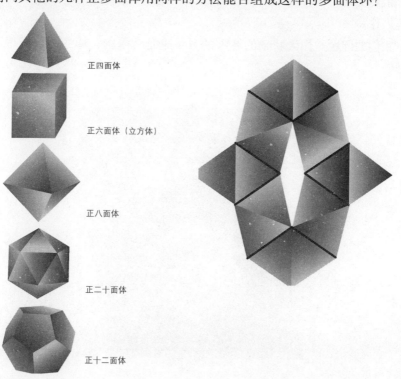

正四面体

正六面体（立方体）

正八面体

正二十面体

正十二面体

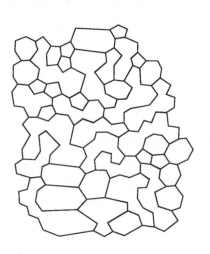

234　图案上色（1）

请你给右边的图案上色，使任意两个相邻地区的颜色都不相同。

请问最少需要几种颜色？

235　茵菲尼迪酒店

茵菲尼迪酒店有无数个房间，无论酒店有多满，新进来的客人总还是有房间可住。酒店经理会将1号房间的客人调到2号房，2号房的客人调到3号房，依此类推。不管这个过程多么漫长，最后1号房总是可以空出来给新来的客人住。

我们的问题是如果新来的客人的数量也是无限的，那么酒店经理应该怎么做呢？

236　数字迷宫

　　数字迷宫是在一个每一边包含 n 个格子的正方形里面填上从 1 到 n2 的自然数。填的时候按照横向或纵向移动，在相邻的格子里填上连续的数，每一个格子里只能填入一个数。上面给出了一个例子。

　　在 5×5 和 6×6 的方框中，有几个格子里已经填上了数字，你能否将剩余的数字补充完整？

237 色子的总点数

当被问到应该怎样计算掷一对色子正好掷到一个规定的总点数的概率时，很多人根本不知道应该怎么做。如果想象这两个色子是不同颜色的，这道题可能会更容易一些。

伟大的数学家和哲学家莱布尼茨认为，掷一对色子总点数掷到11和掷到12的概率应该是相等的，因为他认为这两个数都只有一种组合方法（5和6组成11，一对6组成12）。你能说出他错在哪里吗？

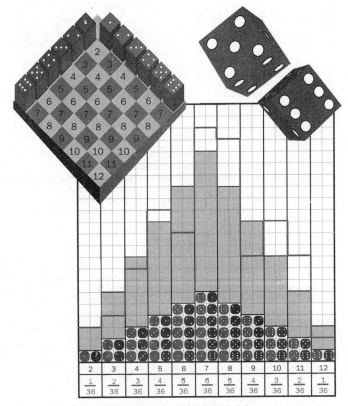

这个图表显示了掷一对色子所有可能的组合方法

238　六边形变成三角形

把被分割的六边形的图形碎片复制并剪下来。

你可以把 6 片被分割的六边形碎片拼成一个等边三角形吗？

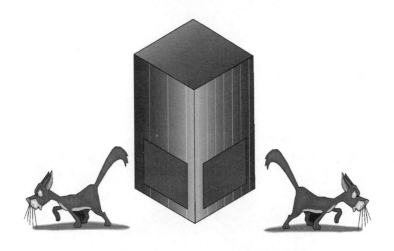

239　猫窝的门

　　上图蓝色和红色的部分分别是两个猫窝的门，迅速地看一眼这两个图形，然后把图形盖上，在下面的红色和蓝色的图形中分别找出你刚刚所看到的图形，考考你的直觉。

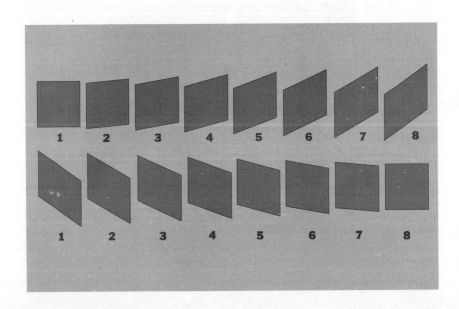

240 分割正方形

右图中的 3 个正方形分别被分割成 4，6，8 个较小的正方形，一共 18 个。

你能在这一页上加 4 条直线，使分割所得的正方形达到 27 个吗？

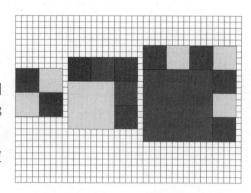

241 透镜

凸透镜和会聚透镜都被称为正透镜，因为它们都能把平行的光线会聚于焦点。那么如果让平行的光线通过两个厚度不同的正透镜，如下图所示，那么结果与只通过一个正透镜是相同的吗？如果不同，结果又应该是怎样的呢？

242 图案上色 (2)

请你给下面的图案上色，使任意两个相邻地区的颜色都不相同。

请问最少需要几种颜色？

243 相邻的数 (1)

你能够否将0~5这6个自然数填入圆圈中，使得每个数的所有相邻数之和如箭头所指（相邻指的是有红色实线直接相连）。

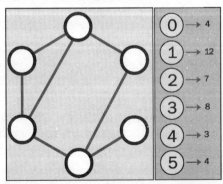

244   埃拉托色尼的筛网法

在前 100 个自然数中一共有多少个质数？

埃拉托色尼发明了一种他称之为"筛"的方法来找出给定范围内的所有质数。当给定的数非常大的时候，使用这种方法会非常困难，不过就像我们所看到的，如果只是找出 100 以内的质数，这种方法还是非常方便和有效的。除了 1（数学家一般都不把 1 看作是质数），从 2 开始，2 是质数，用删掉所有 2 的倍数的方法来"摇一下这个筛子"，如图所示。然后再删掉所有 3 的倍数，依此类推。

我们的问题是在 100 以内一共需要删掉几个质数的倍数？

1	2	3	4	5	6	7	8	9	10
11	12	13	14	15	16	17	18	19	20
21	22	23	24	25	26	27	28	29	30
31	32	33	34	35	36	37	38	39	40
41	42	43	44	45	46	47	48	49	50
51	52	53	54	55	56	57	58	59	60
61	62	63	64	65	66	67	68	69	70
71	72	73	74	75	76	77	78	79	80
81	82	83	84	85	86	87	88	89	90
91	92	93	94	95	96	97	98	99	100

245 字母公寓

方格代表某城市的公寓楼，每栋公寓楼都用一个字母表示。它们的分布如下：D 楼正好在 T 楼的下方，L 楼在 K 楼后面，而 Q 楼则在 B 楼和 M 楼之间。你的任务是根据下面这些目击证人的话，最终找出夜贼藏身的地方。

1. 我看见他从 F 楼后面的那栋楼里跑出来。

2. 我看见他在 1 所说的那栋楼下面第二栋楼的前面那栋楼里。

3. 我看见他在 2 所说的那栋楼上面那栋楼的后面那栋楼里。

4. 你们都错了，我看见他所在的楼是在 3 所说的那栋楼的下面那栋楼的前面的前面。

他到底在哪栋楼？

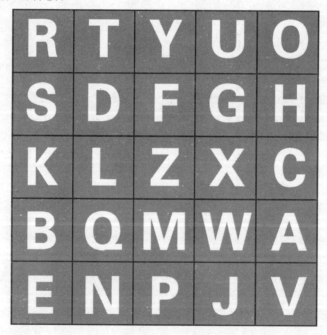

246 重组五角星

把这 4 个十边形复制下来，并把它们
剪成如图所示的 17 部分。你可以把这 17
部分重新拼成一个规则的五角星吗？

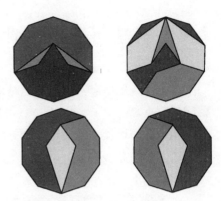

247 连接色块

沿着图中的白色边线把所有的色块连接起来，注意各条线不能相交。

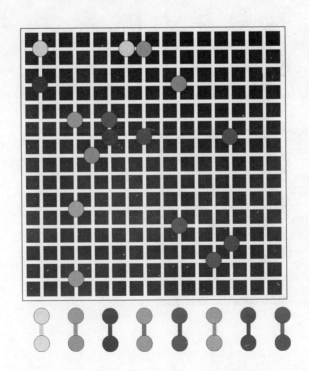

248 棋盘与多米诺骨牌

多米诺谜题中有一组经典题是用标准多米诺骨牌（1×2的长方形）覆盖国际象棋棋盘。

图中3个棋盘上各抽走两个方块（图中黑色处），留下的空缺无法用标准多米诺骨牌填充。

你能找出这3个棋盘中哪一个能用31块多米诺骨牌覆盖完吗？

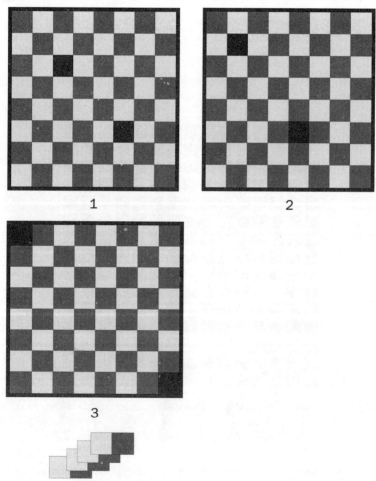

249　聚集太阳光

如下图所示，平行的太阳光分别通过 4 个不同的透镜射到一张白纸上。

请问哪一个透镜下的白纸会着火？如果引起着火的不止有一个透镜，那么哪个透镜下面的火着得更厉害？

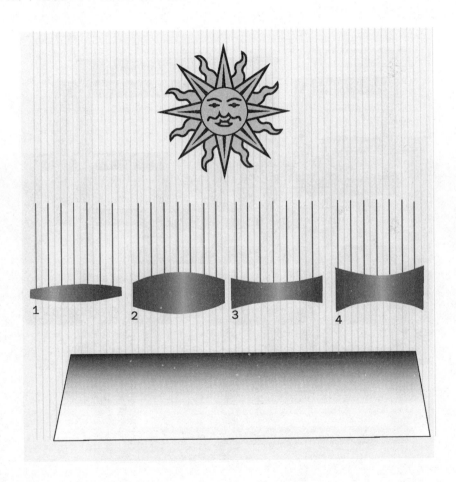

250 移走木框

下边的这些木框可以一个一个地移走，并且它们之间互不干扰。

请问应该按照什么顺序移走这些木框？

如果你答对了这道题，那么这些木框上的字母将会组成一个英文单词（按照你移走木框的顺序）。

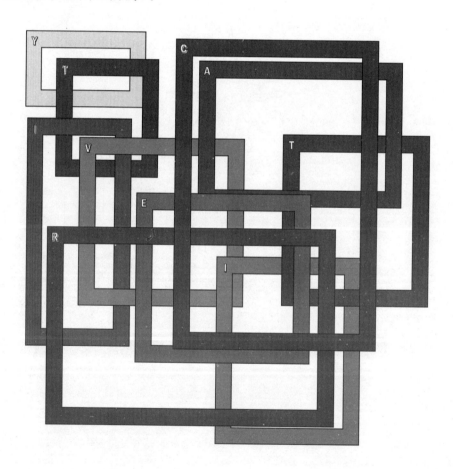

251　相邻的数（2）

你能否将 1~9 这 9 个自然数填入圆圈中，使得每个数的所有相邻数之和如箭头所指。

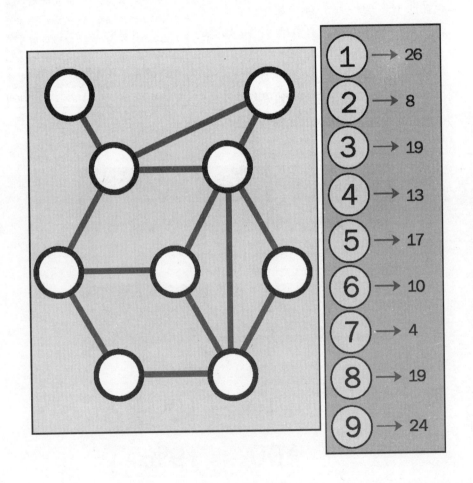

252 所有含 "9" 的数

在前 10 个自然数中，数字 9 只出现了 1
次（10%）。

在前 100（10²）个自然数中，如图所
示，一共有 19 个数都含有数字 9，占 19%，
或者说将近 1/5。

对于前 1000（10³）个自然数，这个比
例又会发生什么样的变化呢？如果是前 1064
个自然数呢，你能猜猜这个比例是多少吗？

1	11	21	31	41	51	61	71	81	91
2	12	22	32	42	52	62	72	82	92
3	13	23	33	43	53	63	73	83	93
4	14	24	34	44	54	64	74	84	94
5	15	25	35	45	55	65	75	85	95
6	16	26	36	46	56	66	76	86	96
7	17	27	37	47	57	67	77	87	97
8	18	28	38	48	58	68	78	88	98
9	19	29	39	49	59	69	79	89	99
10	20	30	40	50	60	70	80	90	100

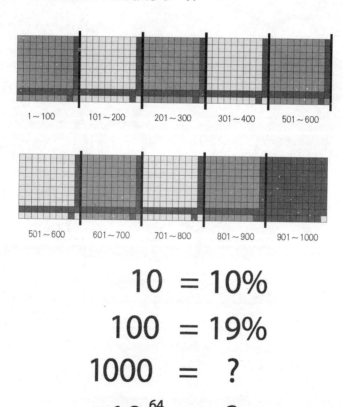

1~100 101~200 201~300 301~400 501~600

501~600 601~700 701~800 801~900 901~1000

$$10 = 10\%$$
$$100 = 19\%$$
$$1000 = ?$$
$$10^{64} = ?$$

253 3个色子

掷3个色子可以有多少种方式？

3个色子的总点数可以从3到18。那么你能算出总点数为7和10的概率吗？

许多个世纪以来，人们都认为掷3个色子只有56种方法。人们没有意识到组合与排列之间的区别，他们只数了这3个色子的组合方法，却没有意识到要计算精确的概率必须要考虑到3个色子的不同排列。

254 分割五角星

把这个大五角星复制下来，并把它分割成如图所示的12部分。你可以把这12部分重新拼成4个小五角星吗？

255 银行密码

一位男士在银行新开了一个账户，他需要为这个账户设定一组密码。按照银行的规定，密码一共有5位，前3位由字母组成，后两位由数字组成。

问：按照下面3个不同的条件，密码的设定分别有多少种可能性？

1. 可以使用所有的字母和所有的数字。

2. 字母和数字都不能重复。

3. 密码的开头字母必须是 T，且字母和数字都不能重复。

256 六彩星星

你能用这7个六边形组成一个图形，使该图形包含一个具有6个顶点、6种颜色的六角星吗？

257　光的反射

　　我们来研究光的反射现象。如果把两种不同的透镜正面相贴地放在一起，那么可能反射光线的表面一共有 4 个，如图 1 所示。

　　如果光线没有经过反射，它会直接穿过去。

　　如果光线经过 1 次反射，可能有两种不同的情况。

　　如果光线经过两次反射，可能有 3 种不同的情况。

　　根据不同的反射次数所出现的情况的种数分别为：1，2，3，5，8，13，21……这是一个斐波纳契数列，即数列中后一个数字等于前两个数字之和。

　　那么你能够画出光线经过 5 次反射的 13 种情况吗？

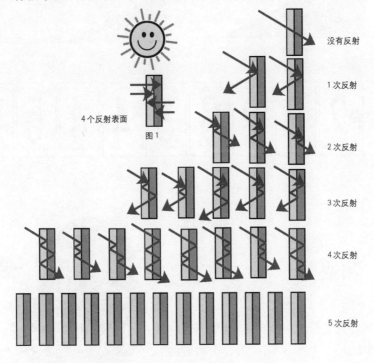

4 个反射表面

图 1

没有反射

1 次反射

2 次反射

3 次反射

4 次反射

5 次反射

258　正方形里的三角形

如图所示，16 个边长分别为 1 和 2 的直角三角形组成了一个 4×4 的正方形。

你能否用 20 个这样的三角形组成一个正方形？80 个三角形呢？

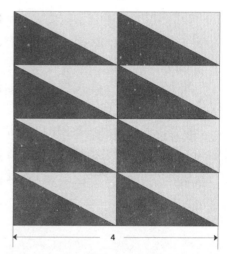

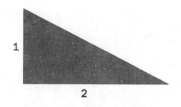

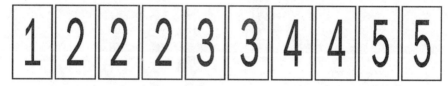

259　和或差

你能否将上面的 10 个数排列成一行，使得这行里的每一个数（除了第一个和最后一个）都等于与它相邻的左右两个数的和或差？

260　数字图案

你能发现表格中数字的规律，并在空白处填上恰当的数字吗?

	2	5	6	
3	4	7	8	11
10	11		15	18
12	13	16	17	20
	20	23	24	

261　堆色子

你能计算出这 10 个色子没有画出来的那些面的总点数吗?
这些色子所有的接触面的点数都相同。

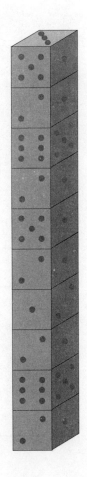

262　七角星

把这两个相同的七角星复制下来并剪成如图所示的 20 部分。
你可以把这 20 部分重新拼成一个大的七边形吗？

263　镜面七巧板

每张卡片上描绘的是本页及下一页底部 4 个形状的其中两个的镜像。你能找出每张卡片中镜子所处的位置吗？以及该卡片上的两个形状分别是什么样的吗？

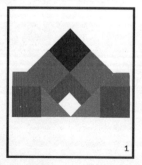

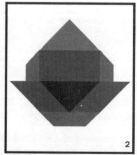

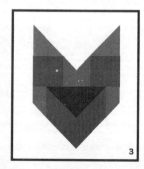

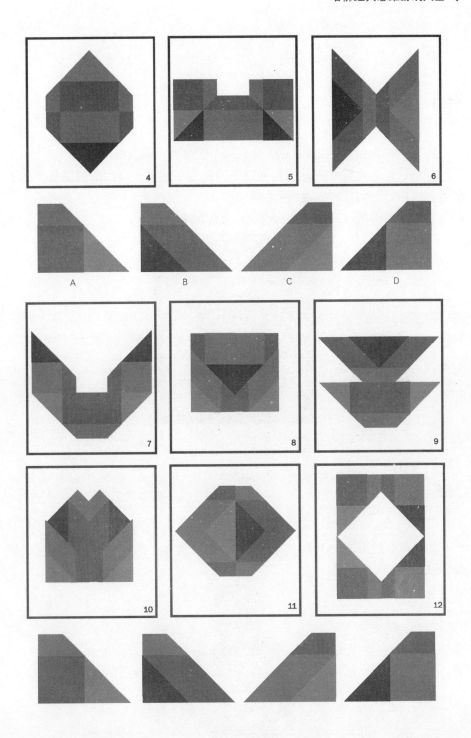

264　伪装

8个士兵已经埋伏在森林中，他们每个人都看不到其他的人。

如图，每个人都可能埋伏在网格中的白色小圆处，通过夜视镜每个人只能看到横向、竖向或斜向直线上的东西。

请你在图中把这8个士兵的埋伏地点标出来。

265　金鱼

你从鱼缸的上面向下看，所看到的金鱼位置和金鱼在鱼缸里的实际位置是一致的吗？

266　纸条构成的五边形

如图所示，将一张小纸条打一个结，打结处形成了一个正五边形。

如果将纸条的两端粘合起来，就形成了一个闭合的表面。请问这个表面有几个面和几条边？

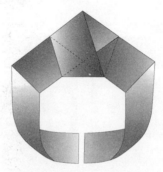

267　数列

你能否找出左边这个数列的规律，并写出它接下来的几项吗？

268 穿孔卡片游戏

将这 4 张正方形的穿孔卡片复印并剪下来，然后把卡片上的白色部分挖空，作为"窗户"。

请你将这 4 张卡片重叠起来，并且使卡片上每一个小正方形的 4 个圆圈分别呈现出 4 种不同的颜色。试试看，应该怎么做呢？

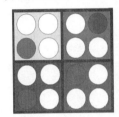  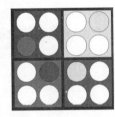 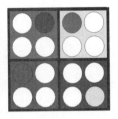

269 有洞的色子立方

20 个规则的色子组成了一个大立方体，如图所示。在大立方体每一面的中间都有一个洞。

你能否分别写出这 3 个我们看得见的洞四面的色子点数？

我们看不见的那 3 个洞呢？

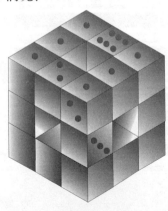

270　神奇的九边形

把这 3 个小的九边形复制下来，并剪成 15 个彩色的部分。

你可以把它们重新拼成一个大的九边形吗？

271　小钉板上的闭合多边形

小钉板可以帮助我们学习和理解多边形的面积关系，在板上用线把各个钉子连起来可以得到不同的多边形。

这里要求在正方形的小钉板上用线连成一个闭合的，并且每两条边都不在同一条直线上的多边形。多边形的每个顶点都必须在板上的钉子上，并且每个钉子只能使用一次。

如图所示的是在一个 4×4 的小钉板上连成的有 9 个顶点的多边形，请问你能否在这个板上用线连成一个有 16 个顶点的多边形，即板上的每个钉子都使用一次，并且满足上面所讲的要求。

请你在从 2×2 到 5×5 的小钉板上，用上尽可能多的钉子连成符合要求的多边形。

2×2

3×3

272 多米诺覆盖（1）

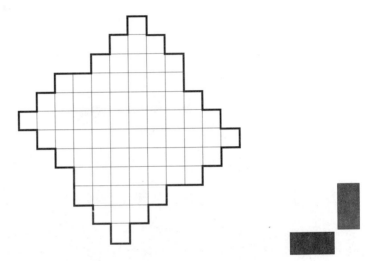

用 1×2 的长方形多米诺骨牌，你能完全覆盖上图的网格吗？

273 车的巡游

车的巡游是指车走遍棋盘上所有的格子，但每个格子只能进入一次。

车可以横走和竖走，格数不限，不能斜走。

在下面的这几种情况下请问车最少走几步或最多走几步才能完成巡游？

问 1 和问 2：图中从 A1 到 H7 车走了 30 步。请问最少走几步和最多走几步才能完成这次巡游？

问 3 和问 4：图中从 A1 到 A8 车走了 31 步。请问最少走几步和最多走几步才能完成这次巡游？

问 5 和问 6：图中车用 20 步完成了一次回到起点的巡游。请问最少走几步和最多走几步才能完成这次巡游？

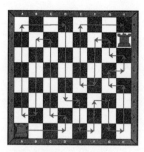
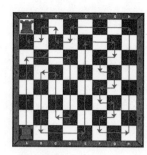
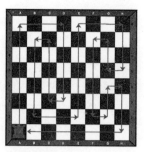

问 1 和问 2　　　　　　　问 3 和问 4　　　　　　　问 5 和问 6

274　拼图

这是一个拼图游戏，需要移动几步才能从左边的图形变成右边的图形（图中灰色方块部分是空的）？

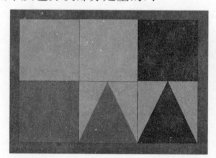
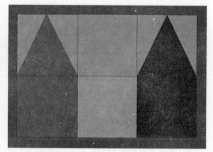

275　自创数

按照下面的规则在一行 10 个空格里填上一个十位数：

第一个数字是这个十位数各位数字中所包含的"0"的个数；第二个数字是十位数各位数字中包含的"1"的个数，第三个数字是十位数各位数字中所包含的"2"的个数，依此类推，直到最后一个数字是十位数各位数字中所包含的"9"的个数。

这个结果就好像是这个十位数在创造它本身，因此，人们把它叫作自创数。

怎样才能解决这个具有挑战性的难题呢？这道题究竟有没有解？

有人找到了一些思路来解决这个问题。他说，因为第一行一共有 10 个不同的数字，因此第二行的各个数字之和一定为 10，由此就决定了这个十位数中所包含的最大数字的极限。

你能按照上面的逻辑，找到这道题唯一的解吗？

276 升旗与降旗

如果最下面的齿轮按逆时针方向旋转，那么最上方的旗子是会上升还是会下降呢？

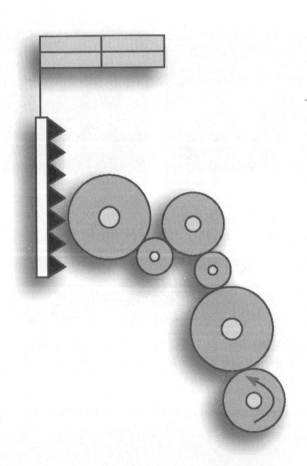

277 找错

A、B、C、D是一张图分别所成的像，有一项上有个错误，请找出这一项。

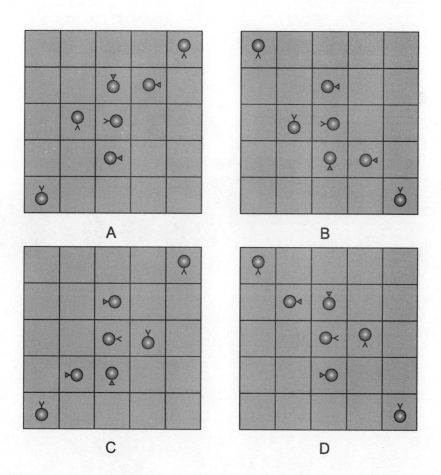

278　星形难题

把这 3 个小的十二角星形复制并剪成 24 个部分。
你可以把它们重新组合拼成一个大的十二角星形吗？

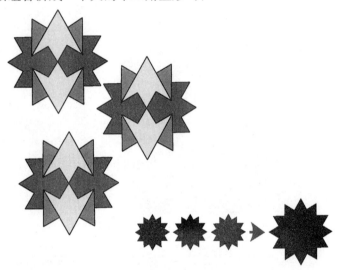

279　重叠的六边形

如图所示，4 个绿色的小正六边形和 1 个红色的大正六边形部分重叠。

问：除去重叠的部分，4 个绿色六边形
和红色六边形相比哪个剩余面积更大？红色
正六边形的边长是绿色正六边形边长的 2 倍。

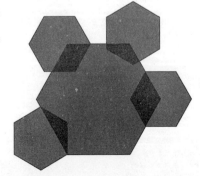

280 多米诺覆盖（2）

下面的 10 × 10 的棋盘中有 5 个方块被删掉。用 1 × 2 的长方形多米诺骨牌，你能完全覆盖上图所有没被删掉的网格吗？如果不能，你能完成多少？

281　迷宫

　　迷宫是一种古代的建筑。传说最早的迷宫是代达罗斯为克里特岛上的米诺斯国王修建的，迷宫里面关着牛头人身的怪物。特修斯进入迷宫，杀掉了怪物，并且找到了回来的路，因为他在进入迷宫的时候将一个金色线团的一端留在了入口处，最后沿着金线走出了迷宫。

　　从数学的角度看，迷宫是一个拓扑学的问题。在一张纸上通过去掉所有的死胡同可以很快找到迷宫的出口。但是如果你没有这个迷宫的地图，而且现在就在迷宫里面，仍然有一些规则可以帮助你走出迷宫。例如，在走的过程中把你的手放在一边的墙上，留下印记。这样做，最终一定会走出迷宫，尽管你走的并不一定是最短路线。但是如果迷宫的墙有些是闭合的，那么这个方法就不管用了。

　　没有闭合的墙的迷宫是简单连接的，也就是说，它们没有隔离墙；而有隔离墙的迷宫的墙一定是闭合的，被称为复杂连接。如下图所示。

　　有没有一种方法可以帮助你走出任何一个迷宫？

简单连接的迷宫　　多层迷宫

282 莱昂纳多的结

下图是莱昂纳多创造的一个复杂的拓扑学结构，请问这个结构里面一共用了多少根绳子？

283 凯普瑞卡变幻

任意列出 4 个不同的自然数，例如 2435。

把这 4 个数字依次递减所组成的四位数与依次递增组成的四位数相减，得到的数再用相同的方式相减（不足四位补 0）：

5432 － 2345

几轮之后你会得到一个相同的数。

我已经猜到这个数是什么了，你呢？

284　填补空白

5 个选项哪一个可以放在空白处？

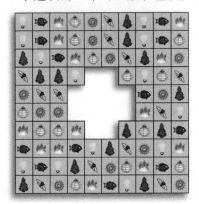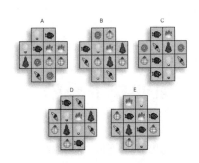

285　质数加倍

在任意一个数字和它的 2 倍之间是否总是可以找到一个质数？

2 3 4 5 6 7

●

8 9 10 11 12 13 14

●

15 16 17 18 19 20 21…

286　十二角星

把这 3 个小的十二角星复制并剪成 24 个部分。

你可以把它们重新组合拼成一个大的十二角星吗？

287　拼接三角形

如图所示，有 6 根长度分别为 3，4，5，6，7，8 的不同颜色的木棍，请问用这些木棍可以拼出多少个三角形？

288　连续的多格骨牌方块（1）

由 1 到 8 个正方形组成的被称作多格骨牌的这些形状，已如图所示排列出来。

你能用所有这些形状创造出一个 6 × 6 的正方形吗？你能找到几种解决方法？

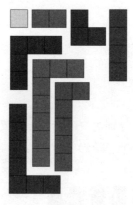

289　有几个结

如图，如果这两只狗向着相反的方向拉这根绳子，绳子将会被拉直。

问拉直后的绳子上面有没有结，如果有的话，有几个？

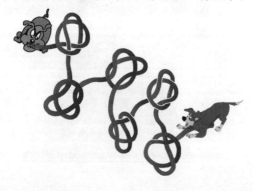

290   立方体迷宫

　　把这张迷宫图复制并剪下来，再折成一个立方体。然后试着从 1 处走到 2 处。看你最快多久能够完成。

291 扑克牌

如图所示，15 张扑克牌摆成一个圆形，其中两张已经被翻过来了。

这 15 张牌中每相邻 3 张牌的数字总和都是 21。

你能否由此推出每张牌上的数字？

292 青蛙和王子

一个 4×4 的游戏板上随机放了 16 个双面方块。这些方块一面是青蛙，一面是王子。

这个游戏的目标就是使所有的方块都显示为同一面，即要么全部是青蛙，要么全部是王子。

翻动方块时要遵循一个简单的规则：每一次必须翻动一整横行、竖行或者斜行的方块（斜行也可以是很短的，比如游戏板一角的一个方块也可算作一个斜行）。

已经给出了两个游戏板，请问它们都可解吗？有没有简单的方法来确定一种结构是不是可解的呢？

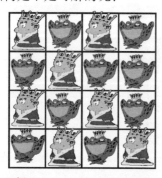

问 1

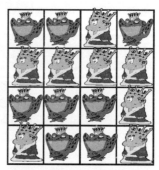

问 2

293　宝石

下面是一个为世界级宝石展览特制的架子。展品包括 7 块宝石，但是架子上只能放下 6 块宝石，怎样才能使这个架子放得下 7 块宝石，并且每块宝石都在一个重要的位置呢？

294　五边形的变换

如图所示，把 1 个五角星和 4 个正五边形分成 10 部分，它们可以被重新拼成两个大的相同的正五边形。

你知道怎么拼吗？

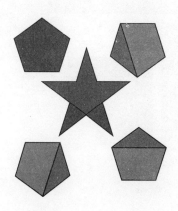

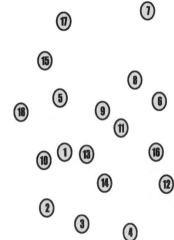

295 连线

你能够把这些数字用曲线从头到尾连接起来吗？注意曲线之间不能相交。

296 连续的多格骨牌方块（2）

这里有一组不同的共 8 块连续多格骨牌。

你能用它们创造一个 6 × 6 的正方形吗？

你能找到几种解法？

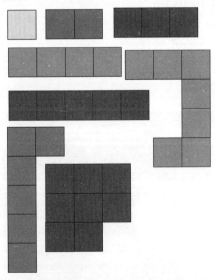

297 结的上色

图1所示的结已经被上色了，现在要求你根据下面的条件，将剩下的5个结也分别上色。

每个节中每一个线与线的交叉点处都有3个部分需要上色：

1. 穿过这个交叉点的上面的线；
2. 穿过这个交叉点的下面的线的一边；
3. 穿过这个交叉点的下面的线的另一边。

每个交叉点处的线需要分别涂上3种不同的颜色，也就是说，给一个结上色至少需要3种不同的颜色。

图1用了4种颜色上色，问给其余的5个结上色分别最少需要多少种颜色？

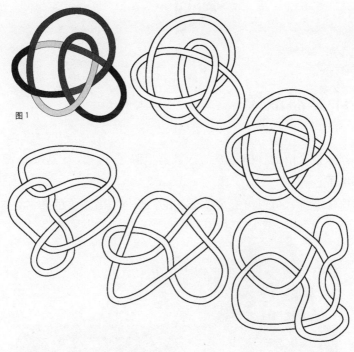

图1

298　金字塔迷宫

把这张迷宫图复制并剪下来，再折成一个金字塔。看看你能不能走出来。

299　计算器故障

计算器总是可信的。但是我的计算器上除了 1，2，3 这 3 个键以外，其余的键都坏了。

只用这 3 个键，可以组成多少个一位、两位或者三位的数？

300 玻璃杯（1）

这里有 7 个倒放着的玻璃杯，要求你把这 7 个杯子全部正过来，但是每次都必须同时翻转 3 个杯子。

请问最少需要几次才能完成？

301 掷硬币

图中的这位女士将一个硬币连掷 5 次，一共会出现多少种可能的结果？

302 帕瑞嘉的正方形

把这个被截去一角的三角形复制并分割成 8 块，然后把它们重新拼成一个完整的正方形。

303 小钉板上的四边形

在 3 × 3 的小钉板上连四边形，有多少种连法？

你能画出 16 种简单四边形吗？

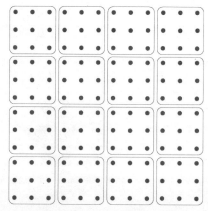

304 镜像射线（1）

假设你有一面平面镜，将镜子置于其中一条标有数字的线条上面，并放到原始模型上。每一次操作你都会得到由原始模型未被遮盖的部分和镜面反射产生的镜像组成的对称模型，镜子起着对称轴的作用。

下图 A～H 8 个模型就是由 7 条对称线按这一方法得到的。

你能辨别出制造每个模型的线条分别是什么吗？

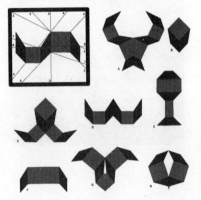

305 纸条的结

这 6 幅图分别是由 6 根纸条绕成。

问哪一幅图与其他 5 幅都不同？

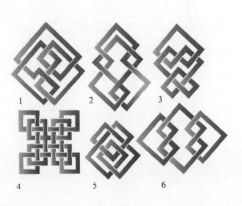

306 卡罗尔的迷宫

如图所示，从迷宫中心的菱形开始，你能否走出这个迷宫？

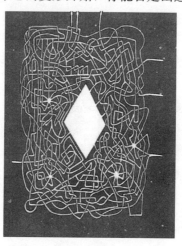

307 回文

回文并不是只出现在文字上，数字也可以产生回文现象。

选择任意一个正整数，将它的数字顺序前后颠倒，然后再与原来的数相加。将得到的数再重复这个过程。如此重复多次以后，你会得到一个回文顺序的数，即把它颠倒过来还是它本身。下面举了 234，1924 和 5280 的例子：

234	1924	5280	**89**
+432	+4291	+0825	
666	6215	6105	
	+5126	+5016	**...**
	11341	11121	
	+14311	+12111	**...**
	25652	23232	
			?

是不是每一个数最后都可以得到一个回文顺序的数呢？

试试 89，看它是不是。

308 玻璃杯（2）

如图所示，10 个玻璃杯放在桌子上，5 个正放，5 个倒放。每次拿任意两个杯子，并将它们翻转过来。不断重复这个过程。

你能否让所有的杯子全部正过来？

309 掷 3 枚硬币

掷 3 枚硬币，它们全部为正面或者全部为反面的概率是多少呢？下面的分析对吗？

掷 3 枚硬币，至少有两枚的结果一定会相同，因此也就取决于第 3 枚的结果，第 3 枚不是正面就是反面，因此这道题的答案应该是 1/2，对吗？

310   埃及绳问题

　　古埃及的土地勘测员用一条长度为 12 个单位的绳子构造出了面积为 6 个单位并有一个直角的三角形，这条绳子被结点分成 12 个相等的部分。

　　你也可以用一条相似的绳子做出其他图形。

　　你可以用这样的绳子做出面积为 4 个单位的多边形吗？可以把绳子拉开，形成一个有直边的多边形吗？图示已经给出一种解法。你能找到其他的吗？

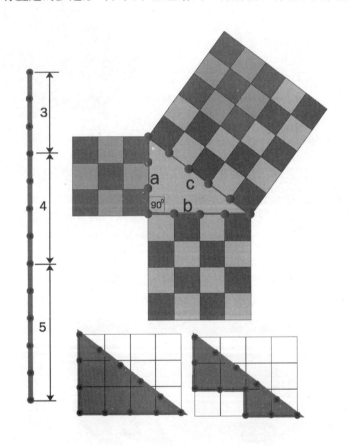

311　数正方形（1）

请问图中有多少个正方形？

312　对结

　　如图，一条绳子的两个不同方向上分别有两个结。

　　请问这两个结能够相互抵消吗？还有，你能否将这两个结互换位置？

313   镜像射线（2）

假设你有一面平面镜，将镜子置于其中一条标有数字的线条上面，并放到原始模型上。每一次操作你都会得到由原始模型未被遮盖的部分和镜面反射产生的镜像组成的对称模型，镜子起着对称轴的作用。

图中 A~J10 个模型就是由 5 条对称线按这一方法得到的。

你能辨别出制造每个模型的线条分别是什么吗？

314　蜂巢迷宫

你能否找到穿过这个蜂巢的最短路线？

315　4 个 "4"

将数字 4 使用 4 次，通过简单的加减乘除将尽可能多的数展开。允许使用括号。

例如：

1 = 44/44

2 = 4/4＋4/4

用这种方式可以将数字 1~10 都展开。

如果允许使用平方根，你可以将数字 11~20 都展开，这中间只有一个无解。

$$1 = {}^{44}\!/\!{}_{44}$$

$$2 = {}^{4}\!/\!{}_{4} + {}^{4}\!/\!{}_{4}$$

3 = _____

4 = _____

5 = _____

6 = _____

7 = _____

8 = _____

9 = _____

10 = _____

11 = _____

12 = _____

13 = _____

14 = _____

15 = _____

16 = _____

17 = _____

18 = _____

19 = _____

20 = _____

316 变形

在这 9 个变形中，目标是由第一个图形变到第二个图形，规则是将原来图形的整个横行以及竖行顺序打乱。

你能找出系统地解决这类游戏的方法吗？

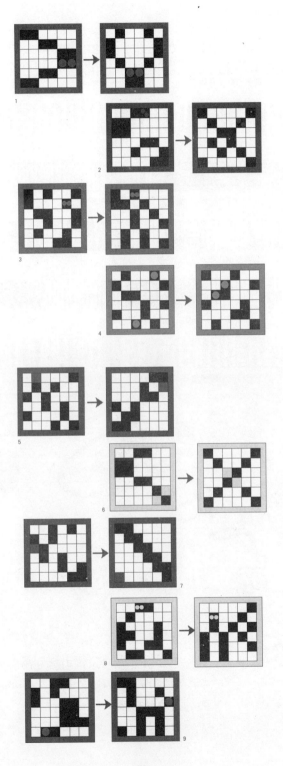

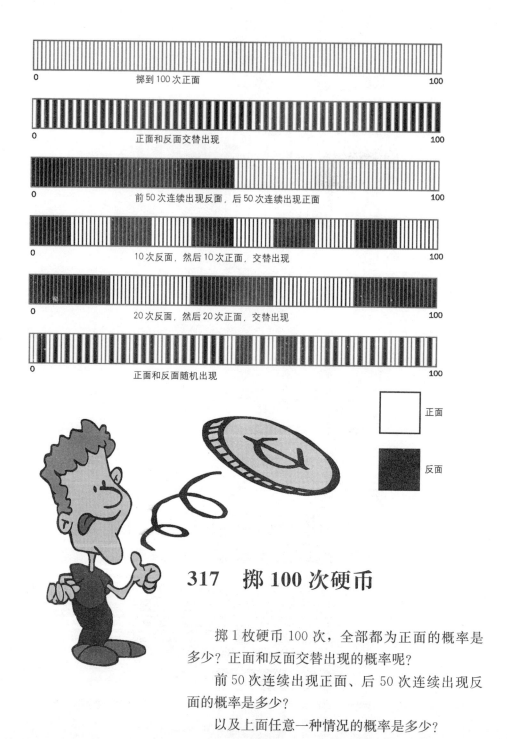

0　　　　　　　　　　掷到100次正面　　　　　　　　　　100

0　　　　　　　　　　正面和反面交替出现　　　　　　　　　100

0　　　　　前50次连续出现反面，后50次连续出现正面　　　100

0　　　　　10次反面，然后10次正面，交替出现　　　　　　100

0　　　　　20次反面，然后20次正面，交替出现　　　　　　100

0　　　　　　　　　　正面和反面随机出现　　　　　　　　　100

正面

反面

317　掷100次硬币

　　掷1枚硬币100次，全部都为正面的概率是多少？正面和反面交替出现的概率呢？

　　前50次连续出现正面、后50次连续出现反面的概率是多少？

　　以及上面任意一种情况的概率是多少？

318 反重力圆锥

有物体可以违反万有引力吗？

伽利略设计了许多天才的机械的实验发明，它们当中最简单的一种如图所示。

你能设想出，当你把这两个圆锥的组合体放在这个轨道的最低处，然后放开它们，会发生什么吗？

319 数正方形（2）

请问图中有多少个正方形？

320   海市蜃楼

你可能见过用两面凹面镜组成的"海市蜃楼之碗"。

放在"碗"的底部的一枚硬币或者其他小物体会被反射，并且如图所示被观察到在顶部漂浮。

这个令人难忘的视错觉是由反射产生的，那么有几次反射呢？

321   不可思议的鸠尾接合

请问你能将左图这个看上去不可能得到的鸠尾接合分开吗？

与普通的鸠尾接合不同，这个模型四面都是一样的。

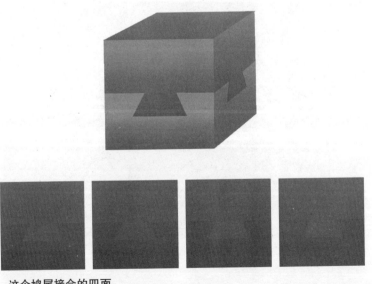

这个鸠尾接合的四面

322　缺失的正方形

你能否找出规律，将图中每一横行缺失的正方形补充完整？

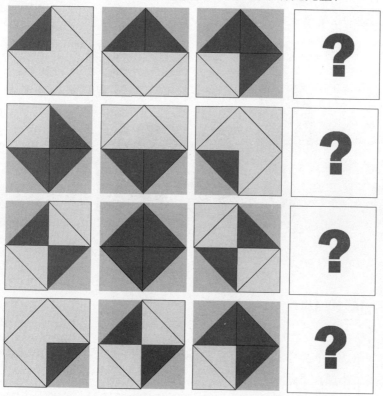

323　4个数

我有没有跟你讲过，有一种人只知道1，2，3，4这4个数字。

他们只用这4个数字可以组成多少个一位、两位、三位和四位的数？

324 孩子的年龄

一个父亲说："如果将我的 4 个小孩的年龄相乘，结果将会是 39。"
请问他的 4 个孩子分别是多大？

325 概率机

在如图所示的概率机中，将黄色的阀门打开，上面的红色小球就会向下落。每一个小球在下落中有两种可能性：向左或者向右。

中间障碍物上面的数表示通向它们各有多少条路径。它们所构成的图形是著名的帕斯卡三角形。

如果放非常多的小球，将这个实验做很多遍，那么落到下面每个凹槽中的小球数量与通向该凹槽的路径数量有直接的关系。而另一方面，它们中某一个特定小球的路径是完全随机和不可预测的。

在我们的概率机中，一共有 64 个小球。那么根据概率论，最后下面的 7 个凹槽中各自会有多少个小球落进去？

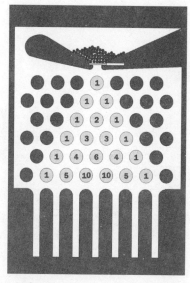

概率机

326　毕达哥拉斯正方形

你可以把这 12 个图形重新拼成一个完整的正方形吗？

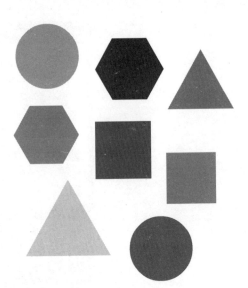

327 面积和周长

　　下面有 8 个图形，其中有两个圆、两个六边形、两个正方形和两个三角形。这些图形中有 4 个图形面积相等，4 个图形周长相等。

　　请你分别把它们找出来。

328 十二边形模型

　　图 1 所示的十二边形被分割成 20 块色块，并且这些色块被重新排列成不同的模型。1~4 这 4 个模型中哪个是不可能由图 1 中的色块组合而成的？

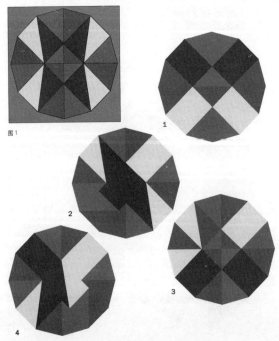

图1

329　吉他弦

如图所示，一根吉他弦两端分别固定在 1 和 7 两处，从 1 到 7 每两点之间的距离相等。

在 4，5，6 处分别放上 3 个折叠的小纸片。用手捏住琴弦的 3 处，然后拨动两处。纸片会有什么反应？

将 1 个正方形沿着一条对角线折叠，得到两个全等的等腰直角三角形。

将 1 个正方形沿着它的两条对角线折叠，折叠线经过正方形的中心，并将它分成 4 个全等的等腰直角三角形。

将 1 个正方形沿着纵向的对称轴对折，得到了两个全等的长方形，该对称轴与正方形的两条边都平行。

将 1 个正方形沿着纵向和横向的对称轴对折，折叠线经过正方形的中心，并将它分成了 4 个全等的小正方形。

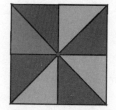

沿着正方形所有的对称轴折叠 4 次，折叠线就是它的 4 条对称轴；此外，这个正方形还绕着它的中心点中心对称。

330　正方形折叠（1）

在几何学中，正方形是 4 条边相等和 4 个角相等的几何图形，或者说它是 4 条边都相等的矩形。

不用任何辅助工具，只是用手来折叠一个正方形，你会得到很多有趣的数学结果。这里给出了一系列的折叠方法，其结果分别是不同的数学发现。

你能否用一个正方形折出 4 个大小不同的正方形？

331 数列

这里的数是按照一定的顺序排列的，你能否在画有问号的方框内填上一个恰当的数？

如果你做到了，图中缺少的那块蛋糕就是你的了！

332 父亲和儿子

父亲和儿子的年龄个位和十位上的数字正好颠倒，而且他们之间相差 27 岁。请问父亲和儿子分别多大？

333　4个帽子游戏

将41个小球放进如图所示的4个帽子中，其中23个小球为红色，18个小球为蓝色。每个帽子中的小球数量如图所示。

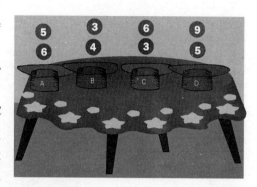

从每组中（A和B为一组，C和D为一组）抽出一个小球。在这两次中如果你抽到红色小球就算你赢。请问在哪个帽子中抽到红色小球的可能性最大？

334　把5个正方形拼起来

将5个边长为1个单位的正方形拼入一个正方形中（图1），此正方形的边长是2.828个单位。你可以把这5个小正方形重新拼入一个如图2所示的小一点儿的正方形吗？

图1　　　　　　　图2

335 小钉板上的图形面积（1）

　　如图所示，用一根橡皮筋在右边的小钉板上围出一个红色的四边形，假设图中每一个小正方形的边长为 1 个单位，你能算出这个红色的四边形的面积吗？

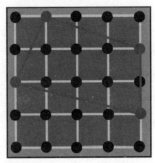

336 彩色多米诺骨牌（1）

　　你能将 28 块彩色的多米诺骨牌放入 7×8 的游戏板内，使得游戏板上除了 8 个灰色方块之外，其余的部分可以被分成 12 组 2 × 2 的双色方块吗？有效的六色布局如图 1 所示。

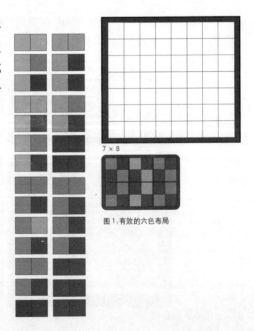

7 × 8

图1：有效的六色布局

337 拼瓷砖

将这 7 块瓷砖按照如下要求拼接起来：

1. 每两个图形任意相邻的两部分颜色不同。

2. 最后拼成的图形必须是轴对称图形。

338 滑行方块

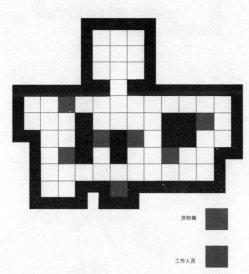

货物箱 ▮

工作人员 ▮

上图是一个大型仓库的平面图。仓库里的货物箱用红色方块表示，仓库里的工作人员用蓝色方块表示。

我们的任务是要将所有的货物箱都推到图中最顶上的储物区。工作人员只能自己来推动箱子，可以横向或者纵向推动箱子，但是不能斜向推动。一次只能推动一个箱子。推一次看作是一步，不管这一步有多远。如下页例子所示，下页所示的工作人员推一个箱子用了两步。

解决这个问题一共需要多少步？

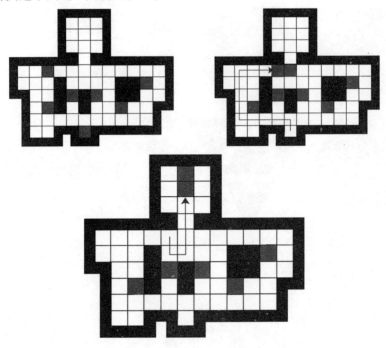

339　足球

如果这个足球的重量等于 50 克加上它重量的 3/4，那么这个足球的重量是多少？

340 弹子球

詹妮和杰迈玛本来有相同数量的弹子球，后来詹妮又买了 35 颗，而杰迈玛丢掉了 15 颗，这时他们两人弹子球的总数是 100。

请问刚开始时詹妮和杰迈玛分别有多少颗弹子球？

341 两个帽子游戏

在一个小一点儿的桌子上玩帽子游戏，将 41 个小球放在两个帽子中。各个帽子中小球的数量如图所示。

从哪个帽子中抽到红色小球的可能性更大？

342 组合单位正方形

把11个相同的红色单位正方形放进黄色的正方形区域。规则如下：

  1. 正方形必须在黄色区域内。

  2. 不允许出现重叠的正方形。

拼11个单位的正方形

343 小钉板上的图形面积（2）

如图所示，假设每一个小正方形的边长为 1 个单位，你能够算出下面这 4 个图形的面积吗？

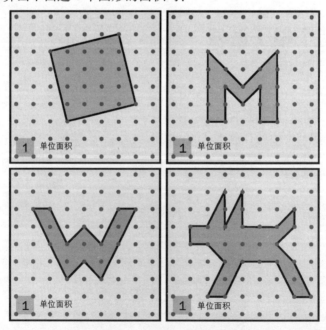

344　彩色多米诺骨牌（2）

　　将 28 块彩色多米诺骨牌放入 7 × 8 的游戏板中，要求是以 4 个相同颜色的方块为一排填充。图 1 提供了一种解法（有多种完全不同的解法）。你能在这个解法当中嵌入多米诺骨牌的轮廓吗（即找出其骨牌原型）？

　　你能否在图 2 中给出另一种解法？

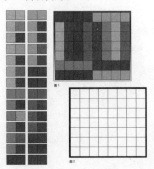

345　颜色相同的六边形

　　右图是一个蜂巢式的结构，蜂巢中的每一个六边形都用如图所示的 6 种颜色上色，六边形的 6 个顶点颜色相互都不同。

　　现在要求将整个图形上色，使每两个相接的六边形的顶点的颜色都相同。

　　请问有多少种不同的六边形的上色方法？

　　同一图形的旋转和镜像只算作一种上色方法。

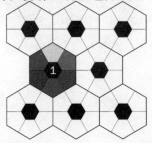

346　哈密尔敦路线

从游戏板上的 1 开始，必须经过图中每一个圆圈，并依次给它们标上号，最后到达 19。你每次只能到达一个圆圈，并且必须按照图中的箭头方向前进。

注意：不能跳步。

347　数学式子

只凭直觉，你能否将黑板上的 7 个数学式子按照从大到小的顺序排列？

348　木头人

这是一个很经典的脑筋急转弯。

一个老座钟上立着一个木头人。每当他听到钟响1次，他就会跳两次。座钟每到整点就响，响的次数与时刻数相等。

那么一天24小时，这个木头人一共会跳多少次？

349　不幸事件

5岁的艾尼不会游泳，在一个平均水深仅为3英尺（约0.9米）的湖里面淹死了。

这个不幸的事件怎么会发生呢？

350　用连续的长方形拼起来的正方形

从给出的一组长方形中做出选择，拼出 4 个正方形，两个边长为 11，两个边长为 13（长方形可以重复使用）。

这 4 个正方形中的每一个都必须由这样的长方形组成：这些长方形的边长从 1 到 10，每个数字各出现一次。

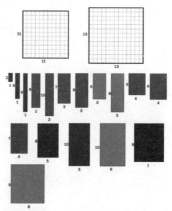

351　多少个三角形

这 6 幅图中分别有多少个三角形？

352 彩色多米诺条

你能以多少种方式用 14 条彩色多米诺条完全覆盖 7 × 8 的游戏板？

其中一种可能的解法如右上图所示。在不变动多米诺条位置的情况下，仅对颜色进行置换不算作新的解法。

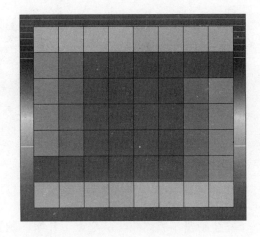

353　8个金币

一共有 8 个金币，其中 1 个是假币。其余的 7 个重量都相等，只有假币比其他的都要轻。

请问用天平最少几步能够把假币找出来？称重量的时候只能使用这 8 个金币，不能使用其他砝码。

354　哈密尔敦闭合路线

一个完全哈密尔敦路线是从起点 1 开始，到达所有的圆圈后再回到起点。你能不能将 1～19 这些数字依次标进图上的圆圈中，完成这样一条路线呢？

你每次只能到达一个圆圈，并且必须按照图中的箭头方向前进，不准跳步。

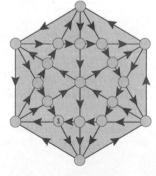

355　11 的一半

你能否找到一种方法，使得 6 等于 11 的一半？

356　整数长方形

如图所示，一个大长方形被分成很多个小长方形。每个小长方形或者高是整数，或者宽是整数。绿色的小长方形宽为整数，高不是整数。橘红色的长方形高是整数，宽不是整数。

那么这个大长方形的高和宽都是整数吗？还是都不是整数？

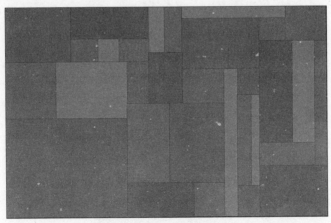

357 X 问题

x 在 9 与 11 之间，如果你不知道 x 的值，让你猜一个值，使得错误率最小（即你猜的数与 x 的真实值之间的差距与其真实值的比），你应该猜什么数？

358 把三角形放进正方形

可以放入 5 个等边三角形（边长为 1 个单位长度）的最小正方形的边长是多少？

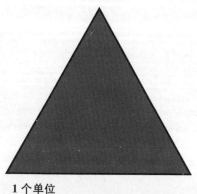

1 个单位

359　萨瓦达美术馆

　　这个形状奇怪的美术馆里一共有 24 堵墙，在美术馆里的任何一个角落都可以安放监视器。在图中，一共安放了 11 台监视器。

　　但是，监视器的安装和维护都非常昂贵，因此美术馆希望安放最少的监视器，同时它们的监视范围能够覆盖到美术馆的每一个角落。问最少需要安放几台？

360　蛋糕片

　　这块蛋糕被切成 18 片，而且每一片被分成 6 块。

　　这个谜题的目的是将蛋糕片重新编排，使得在这个蛋糕里没有任何一块相同颜色的蛋糕片有接触。

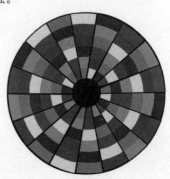

361 三角形与三角形

将最下面的 4 个彩色图形每种各复制 3 份，共可得到 12 个三角形。

问：怎么摆放才能使这 12 个三角形能够正好填满图中的空白三角形？

362 折叠 3 张邮票

这一套邮票共 3 张，你能说出一共有多少种折叠方法吗？

只能沿着邮票的边缘（锯齿）处折叠，最后必须折成 3 张上下放置。

邮票朝上朝下都没有关系。

3 种颜色有 6 种排列方法。

如图所示。

可以折出其中的几种？

363　加一条线

在下面这个等式中加一条线，使等式成立。

$$5+5+5＝550$$

364　动物散步

图中的问号处应该分别填上什么动物？

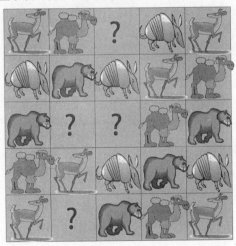

365　预测地震

X 女士正确地预测了去年加利福尼亚的每一次地震，她是怎样做到的？

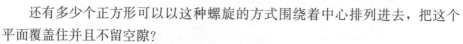

366　螺旋的连续正方形

这里一共有 13 个连续的正方形，如标号所示。

在图 1 中，前 7 个连续的正方形呈螺旋状排列在中心的 1 × 1 正方形周围，并且没有空隙。

还有多少个正方形可以以这种螺旋的方式围绕着中心排列进去，把这个平面覆盖住并且不留空隙？

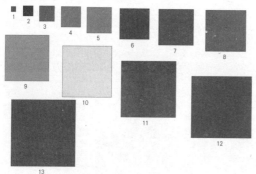

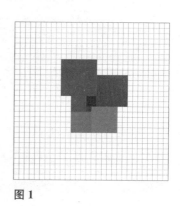

图 1

367　三角形的内角

请问你能不能用折纸的方式来证明欧几里得平面里的三角形内角和等于 180°？

有没有这样的平面，在该平面上三角形的内角和大于或是小于 180°？

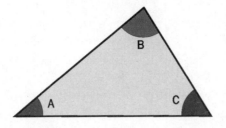

368　多米诺布局

标准的多米诺形状是两个完全相同的方块以棱相接组成的 1×2 的长方形。

一个 "n×2" 的多米诺骨牌可以用多少种方法被多米诺骨牌覆盖？n 的值一直到 10，将有多少种方法？图中多米诺骨牌的颜色是为了方便观察，因此只有当骨牌的布局不一样时我们才将其算作不同的覆盖方式。

n=2、n=3 和 n=4 时不同的覆盖方式如图所示，他们分别有 2，3 和 5 种不同的布局。

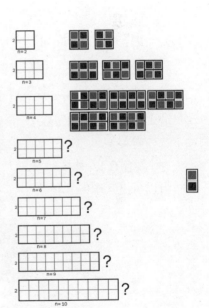

369　长方形游戏

用整数 1 到 9 分别作为长方形的长和宽，把正方形排除在外，一共可以组成多少个不同的长方形？（答案应该是 36 个。）

你能否把这些长方形都放进上面这个 29 × 30 的方框内，而且每两个长方形之间不能重叠？如果不能，你最多能放入多少个？

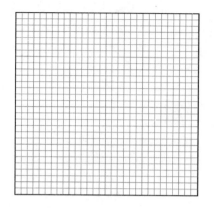

370 折叠 4 张邮票 （1）

如图所示，这一套邮票共 4 张。你能说出一共有多少种折叠方法吗？只能沿着邮票的边缘（锯齿）处折叠，最后必须折成 4 张上下放置。邮票朝上朝下都没有关系。

4 种颜色有 24 种排列方法。

可以折出其中的几种？

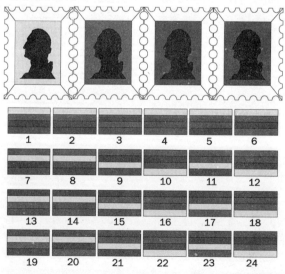

371　想一个数

随便想一个数。

加上 10。

乘以 2。

减去 6。

除以 2。

然后再减去你最开始想的那个数。

结果一定是 7。为什么？

372   方块里的图形

所有黑色方块里的图形都能在与它同一横行或者竖行的灰色方框内找到一个与它一模一样的图形。

某一个灰色方块内少了一个图形，你能把它找出来吗？

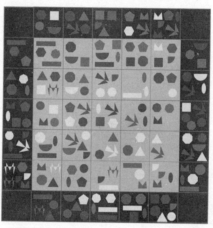

373   看进管子里

这个人是在管子的左边还是右边？

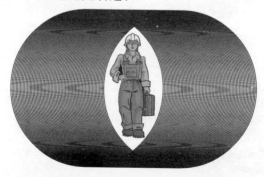

374　卢卡数列

　　找一个朋友在右图2个红色方框内分别写上2个数字（例如3和2），并且不能让你看到。然后从第3个方框开始，每个方框里面的数等于前2个方框里的数之和，依此类推，一直写到第10个方框。

　　他们只给你看绿色方框里的数，其他方框里的数你都不知道。要求你写出这10个数的和。

　　在他们还没有写完这10个数时，你就可以将它们的和（右图中为341）写出来了。

　　怎样可以提前知道答案呢？

375　飞去来器

　　如图，6个半径为1的半圆组成了这个形状像飞去来器的图形。你能计算出该图形的面积吗？

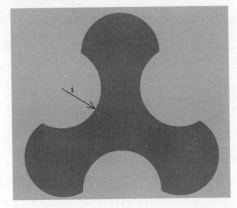

376 成角度的镜子

假设有两面以铰链衔接的平面镜，以成对的彩线所成的角度摆放。

这个铰链衔接的镜子有 3 个值得注意的效果。

首先，通常的左右互换现象消失了。

其次，你只需要一个很小的东西就能制造出一个万花筒。

最后，通过改变两面镜子之间的角度，你能使被反射的物象加倍并且增多。

你能从不同角度找到多少个燃烧的蜡烛的像（包括原物像）？

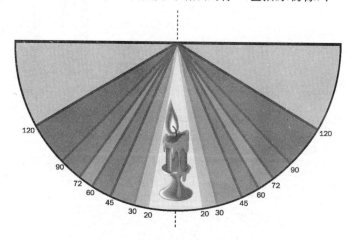

377 伐里农平行四边形

上图是 3 个任意四边形。

把图 1 中的四边形的 4 条边的中点连接起来，就形成一个平行四边形。

且这个平行四边形的边分别与原四边形的两条对角线平行。

问这个平行四边形与原四边形的面积之间存在什么关系？平行四边形的周长与原四边形的对角线长度又有什么关系？

其他的任意四边形 4 条边的中点相连也会得到一个平行四边形吗?

你可以在所给的另外两个任意四边形上试试。

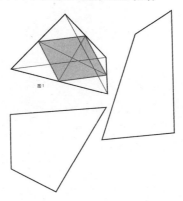

图1

378 折叠 4 张邮票 (2)

如图所示,4 张邮票组成了一个正方形。你能说出一共有多少种折叠方法吗?

只能沿着邮票的边缘(锯齿)处折叠,最后必须折成 4 张上下放置。邮票朝上朝下都没有关系。

4 种颜色有 24 种排列方法。

序数	数
1	1
2	11
3	21
4	1211
5	111221
6	312211
7	13112221
8	1113213211
9	?
10	?

379　类似的数列

一个有趣的数列的前 8 个数如上图所示。

请问你能否写出该数列的第 9 个数和第 10 个数？

380　7 只小鸟

7 只小鸟住在同一个鸟巢中。它们的生活非常有规律，每一天都有 3 只小鸟出去觅食。

7 天之后，任意两只小鸟都在同一天出去觅食过。

将 7 只小鸟分别标上序号 1～7，请你将它们这 7 天的觅食安排详细地填在表格中。

时间	觅食的小鸟序号
第 1 天	
第 2 天	
第 3 天	
第 4 天	
第 5 天	
第 6 天	
第 7 天	

381 3个人决斗

汤姆、比尔和迈克3个人准备决斗。他们抽签来决定从谁开始，每个人选一个对手，向他射击，直到最后只剩下一个人。

汤姆和比尔的命中率都是100%，而迈克的命中率只有50%。

谁活下来的可能性最大？

382 四边形组成的十二边形

一个十二边形可以被分割成12个相同的四边形，每个四边形都是由一个等边三角形和一个正方形的一半组成。

你能用这12个四边形重新组成一个十二边形吗？

383　正方形和三角形

　　下图的凸多边形（从五边形到十边形）都是由全等的三角形和正方形组成的，现在请问组成十一边形至少需要多少个这样的三角形和正方形？

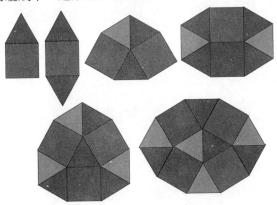

384　多米诺棋子

　　该游戏的棋子以如下方式制作：

　　首先在所示圆形纸片中沿中心正方形的边剪下外围的 1，2 或 3 个弧（边缘是圆的）；

　　然后给紧挨着被剪切的边的三角形涂上不同的颜色，从黄、红、绿和蓝色中选择；

　　最后将剩余部分涂黑。

　　在图 1 中，3 个圆弧已经被剪掉，其相邻的三角形已经用规定的 4 种颜色中的 3 种上色。

　　你能制造出另外 27 个或者更多不同的多米诺棋子吗（镜像图不算作新的棋子）？

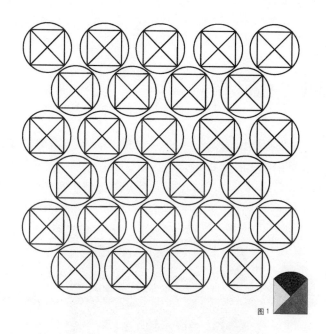

图1

385 级数 (1)

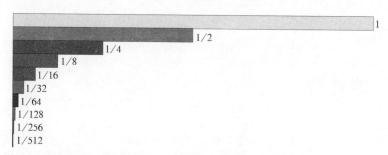

上图是下面这个几何级数前10项的直观图：

$1 + 1/2 + 1/4 + 1/8 + 1/16 + 1/32 + 1/64 + 1/128 + 1/256 + 1/512 + \cdots + (1/2)^n + \cdots$

请问随着 n 的无限增大，这个级数和的极限是多大？

386 折叠 6 张邮票

如图所示，6 张邮票组成了一个 2 × 3 的长方形。沿着邮票的边缘（锯齿）处折叠可以折出很多种上下组合。

这里给出了 4 种组合，请问其中哪一种是不可能折成的？

最后折出来邮票朝上朝下都没有关系。

387 冰雹数

随便想一个数。如果是一个奇数，就将它乘以 3 再加上 1；如果是一个偶数，就除以 2。

重复这个过程。例如：

1，4，2，1，4，2，1，4，2，1，4，2…

2，1，4，2，1，4，2，1，4，2…

3，10，5，16，8，4，2，1，4，2…

我们可以看到，上面的这些数列后面的部分都变成一样的了。

那么是不是不管开头是什么数，到后面都会变成同一串数呢？

试试用 7 开头，然后再看答案。

388 遛狗

9个女孩每天都带着她们各自的宠物狗出去散步。她们每次分3组，每组3个人，4天之中，她们中的任意两个女孩都只有一次被分到同一组。

请问应该怎样给她们分组呢？

第1天		
第2天		
第3天		
第4天		

389 射击

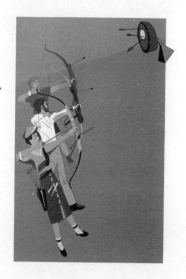

3个射手轮流射一个靶。但他们可不是什么射击能手。

艾丽丝射5次会中两次。

鲍勃射5次会中两次。

卡门射10次会中3次。

请问在一轮中他们至少有一个人射中靶子的概率是多少？

390　最小的正长方形

　　一个长方形可以被进一步分割成不同的小正方形吗?

　　1909年，Z.摩隆发现了一个可以被分成9个不同的正方形的长方形，1940年，图特、布鲁克斯、史密斯和史托恩证明了它是最小的，也就意味着没有更小的长方形可以被分成9个不同的正方形，而且根本没有长方形可以被分成8个或更少的不同的正方形。

　　最小的正长方形是由边长为1，4，7，8，9，10，14，15和18个单位长度的正方形拼出来的，如图。

　　你可以用左页的9个正方形不重叠地拼出最小的面积为32×33的正长方形吗?

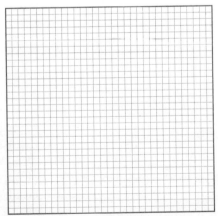

391　瓢虫的位置

　　一共有 19 个不同大小的瓢虫，其中 17 个已经被分别放入了右边的图形中，每个瓢虫均在不同的空间里。

　　现在要求你改变一下图形的摆放方式，使整个图中多出两个空间，从而能够把 19 个瓢虫全部都放进去，并且每个瓢虫都在不同的空间里。

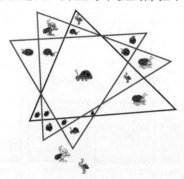

392　级数（2）

　　下图是下面这个调和级数前 10 项的直观图：

$$1 + 1/2 + 1/3 + 1/4 + 1/5 + 1/6 + 1/7 + 1/8 + 1/9 + 1/10 + \cdots + 1/n + \cdots$$

　　请问随着 n 的无限增大，这个级数和的极限是多大？

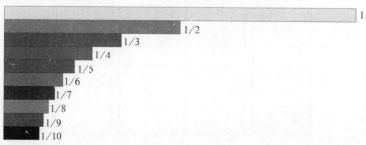

393 麦克马洪的彩色方块

一个正方形被它的对角线分成了 4 部分。

用 4 种颜色给正方形上色，上色样板如图 1 所示。

有 6 种不同的方法给正方形上色（旋转所得的正方形不算作新的正方形）。你能把它们都找出来吗？

你将每一种正方形再复制 3 份，组成一套 24 个正方形，将它们剪下来并解决这个经典的题目：

你能否用这一套正方形拼成一个 4 × 6 的长方形，要求相邻正方形的边的颜色相同，符合多米诺骨牌风格。

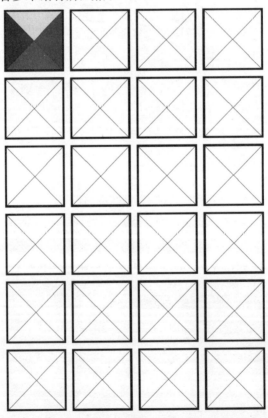

394　折叠 8 张邮票

你能否将这 8 张邮票沿着锯齿处折叠，使邮票折叠以后从上到下的顺序是图中的 1～8?

最后折出来的邮票朝上朝下都没有关系。

395　数的持续度

一个数的"持续度"表示的是通过把该数的各位数字相乘，经过多久可以得到一个一位数。

比如，我们将 723 这个数的各个数位上的数字相乘，得到 $7 \times 2 \times 3 = 42$。然后再将 42 的各个数位上的数字相乘，得到 8。这里将 723 变成一位数一共花了两步，所以 2 就是 723 的"持续度"。

那么持续度分别为 2，3，4，5 等的最小的数分别为多少?

是不是每个数通过重复这个过程都可以得到一个一位数呢?

396　小学生的日程安排

15 个小学生 3 人一组去上学，连续 7 天。

他们的分组情况必须要满足一个条件：在 7 天中任意两个小学生只有 1 次被分到同一组。

为了方便起见，我们将这 15 个小学生分别标上序号 1～15，你能根据所给出的条件填写分组表格吗？

一共有 7 种解法，你能找出其中的一种吗？

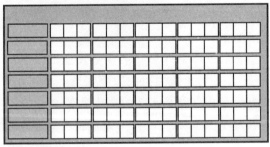

397　玩具头

玩具头展示了统计学的"通过一部分样本来推导整体"的方法。

一个玩具头（如图 1 所示）里面装了 60 个小球，分别

图 1

是绿、黄、蓝、红 4 种颜色。我们不知道各种颜色的小球分别有多少个。

转动一下玩具头，它就会旋转，里面的小球也会重新混合。每次转动停下来时，它的眼睛、鼻子和嘴巴所显示的都是不同的 10 个小球的组合。下面是 6 次转动玩具头后所得到的结果。

你能够由此推导出里面各种颜色的小球分别有多少个吗？

398 分割正方形

你可以把这个有 22 部分的大正方形重新拼成两个更小的正方形吗？

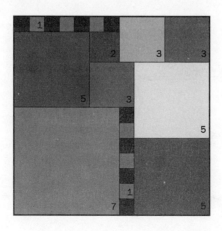

399 绿色与蓝色

图中绿色区域占多大比例？蓝色的区域呢？

400 平衡的天平

图中各个符号分别代表不同的数值。在第三个天平填入恰当的选项，使天平两边保持平衡。

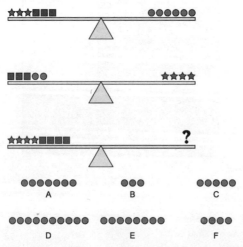

答　案

001. 蒙德里安美术馆

黑白蒙德里安：蒙德里安的原画是左下方的那幅，这幅画是蒙德里安于 1917 年创作的，该画原名为《线段的合成》。

而在这个实验中很多人认为这 4 幅中最好看的是右上角的那幅。

彩色蒙德里安：蒙德里安的原画是第一幅。

002. 芝诺的悖论

芝诺的悖论中第一处错误就是他假定无限个数的和还是无限个数，这与事实不符。

无限个数的和，例如：

$1 + 1/2 + 1/4 + 1/8 + 1/16 + 1/32 + 1/64 + \cdots = 2$

我们知道这是一个等比级数。

等比级数是一个数列，其首项为 1，后一个数与前一个数的比值（x）相等。在上面这个例子中，x 等于 1/2。当 x 小于 1 时，无限项的等比级数各项之和是一个有限的数。

阿基里斯追上乌龟所跑的距离和用掉的时间可以分别看作是等比小于 1 的等比级数，因此他追上乌龟所跑的总距离并不是无限的，同样，所用的时间也是有限的。

假定乌龟的起点比阿基里斯的起点前 10 米，阿基里斯每秒钟跑 1 米，速度是乌龟的 10 倍，那么他用 5 秒就可以跑完一半，再用 2.5 秒就可以跑完剩下路程的一半，依此类推，他用 10 秒就能够跑完 10 米。

而这时乌龟才刚刚跑了 1 米。阿基里斯在 11 秒多之后在离他的起点 11.1 米的地方就已经超过乌龟，很轻松地赢得了这场比赛。

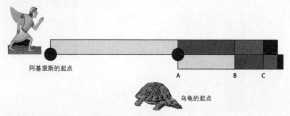

阿基里斯的起点　　A　B　C

乌龟的起点

003. 希罗的开门装置

这个装置利用了一些简单的机械原理。装置中用到了链子、滑轮、杠杆以及气箱和水箱。牧师将圣坛上的圣火点燃，气箱和水箱里的空气受热膨胀，压迫球形水箱里的水通过虹吸管流到挂在滑轮上的桶里面。桶的下降会拉动绳子或链子，从而拉动拴门的链子，神殿的门就这样被"神奇"地打开了。

当圣火燃尽，空气冷却之后，门又会通过右下方的平衡物自动关上。

004. 向上还是向下

重物1：向上
重物2：向下
重物3：向上
重物4：向下

005. 西瓜

大部分人的直觉答案是"大约800千克"，但这与结果相差甚远。

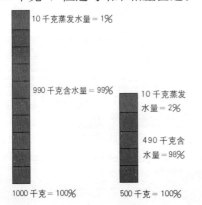

10千克蒸发水量 = 1%

990千克含水量 = 99%

10千克蒸发水量 = 2%

490千克含水量 = 98%

1000千克 = 100%

500千克 = 100%

正确答案应该是 500 千克，这个结果出人意料。但是如果你拿起纸笔计算一下，就会马上得出这个结果。上边的图示可以帮助你更好地理解。

006. 3个正方形变成1个

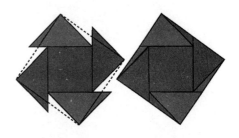

007. 找面具

那个生气的面具在第二行右边倒数第二个。

人的感知系统总是能够很容易察觉异常的事物，而完全不需要系统地查找。这个原理被用于飞机、汽车等系统里，从而使它们的显示器能够随时随地地探测出任何异常的变化。

008. 九宫图

2	9	4
7	5	3
6	1	8

九宫图中的 9 个数字相加之和为 45。

因为方块中的 3 行（或列）都

分别包括数字 1 到 9 当中的 1 个，将这 9 个数字相加之和除以 3 便得到"魔数"——15。

总的来说，任何 n 阶魔方的"魔数"都可以很容易用这个公式求出：

$$\frac{n^3+2}{2}$$

和为 15 的三数组合有 8 种可能性：

9＋5＋1　9＋4＋2　8＋6＋1　8＋5＋2

8＋4＋3　7＋6＋2　7＋5＋3　6＋5＋4

方块中心的数字必须出现在这些可能组合中的 4 组。5 是唯一在 4 组三数组合中都出现的。因此它必然是中心数字。

9 只出现于两个三数组合中。因此它必须处在边上的中心，这样我们就得到完整的一行：9＋5＋1。

3 和 7 也是只出现在两个三数组合中。剩余的 4 个数字只能有一种填法。

009. 最小的图形

这 6 幅图中只用了一种基本图形，如上图所示。

每一种图案都是由这一种基本图形合成的，该图形通过旋转可以有 4 种方向。

100 年前，皮尔·多米尼克·多纳特引入了这个概念：由一个最基本的图形单元通过不同的排列以及对称可以形成各种不同的图案。

1922 年，安德烈亚斯·施派泽出版了《有限组合的理论》，在书中他分析了古代的装饰物，他说，这些装饰物的图案完全不能用某个数学公式来计算它们的复杂性。在这种意义上甚至可以说不是数学产生了艺术，而是艺术产生了数学。施派泽通过单个图形单元的对称、变形、旋转和镜像得到了这些复杂的图案（通过各种方法组合得到最终的图案：他一共用了 17 组，用这 17 组基本图形可以组成所有人们想得到的图案）。

010. 有钉子的心

如图所示。

011. 齿轮转圈

大齿轮旋转一圈，它的 14 个齿会契合其他的 3 个齿轮。

设为了使所有的齿轮都回到原来的位置，大齿轮需要转 n 圈。

那么 13 个齿的齿轮将会转 14n/13 整圈；

12 个齿的齿轮将会转 14n/12（即 7n/6）整圈；

11 个齿的齿轮将会转 14n/11 整圈。

也就是说，n 必须被 13，6 和 11 整除。由此可知，n 最小为 13×6×11＝858。大齿轮至少需要转 858 圈才能使所有的齿轮都回到原来的位置。

012. 打喷嚏

当你睁开眼睛时你的车已经行驶约 9.03 米，因此你刚刚避免了一场交通事故。

1 千米＝1000 米，因此按照 65 千米/小时的速度你在半秒钟内行驶了（65×1000）/（60×60×2）≈ 9.03 米，从而可以避免这场交通事故。

013. 买彩票 (1)

这对情侣有 90 种途径会赢，有 30 种途径会输，因此他们不能赢到这辆汽车的概率是 30/120，即 1/4

（25％）。

014. 分割空间

15 部分

这些部分如下：四面体的 4 个顶点上有 4 部分；四面体的 6 条边上有 6 部分；四面体的 4 个面上有 4 部分；四面体本身。一共有 15 部分。

这个数字是一个三维空间被 4 个平面分割时能得到的最大数字。

015. 排队

016. 四阶魔方

和为 34 的四阶魔方有 880 种。我们在此举一例。

16	5	2	11
3	10	13	8
9	4	7	14
6	15	12	1

017. 最小的排列

一共有 64 种排列方法，如右页图所示。

018. 平方根

如图所示，画 3 个直角三角形，x 为三角形的高。

由此我们就得到了这 3 条直线的关系：

$$c^2 = a^2 + x^2$$
$$b^2 = x^2 + 1$$
$$(a+1)^2 = b^2 + c^2$$

将前两个式子带到第三个式子中，我们就得到了下面的等式：

$$a^2 + 2a + 1 = x^2 + 1 + a^2 + x^2$$

$$a^2 + 2a + 1 = a^2 + 2x^2 + 1$$
$$2a = 2x^2$$
$$a = x^2$$
$$\sqrt{a} = x$$

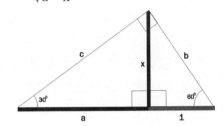

019. 齿轮片语

如图所示，最后组成的句子："The impossible takes longer."

最大的齿轮顺时针转动 1/8 圈就可以得到这句话。

这句话出自于一个无名氏之手，是美国海军工程营纪念碑上的碑铭，其原文："The difficult we do at once; the impossible takes a bit longer."（困难我们可以马上克服，不可能的任务多一点儿时间就能完成。）

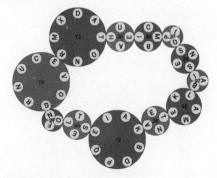

020. 伽利略的斜面实验

我们把小球在 1 秒钟内所经过

的距离设为 d，那么它在前两秒钟内经过的总距离为 4d，在前 3 秒钟经过的总距离为 9d，在前 4 秒钟内经过的总距离为 16d，依此类推。你可以用一把尺子来检验：将尺子倾斜成一定角度，让小球沿着尺子向下滚动。不过倾斜角度一定要足够小，才能使小球在尺子上持续滚动 4 秒钟。

021. 帕斯卡三角形

帕斯卡三角形里的每一个数字都等于它左上角和右上角的数字之和。

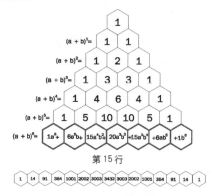

第 15 行

022. 正方形蛋糕

你所要做的是把周长分成相等的 5 份（或 "n" 份，这个 "n" 是你所要得到的蛋糕块数）。然后从中心按照一般切法把蛋糕切开。

诺曼·尼尔森和佛瑞斯特·菲舍在 1973 年提供了证明，证明如下。

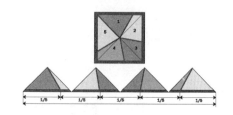

023. 瓷砖图案

尽管看上去似乎至少需要两种图形才能构成这两个图案，而事实上只要一种就够了。比如在第一幅图中，你把黄色部分看作背景，那么其余的部分就全部是由下图所示的蓝紫色图形所构成的。

024. 宝石徽章

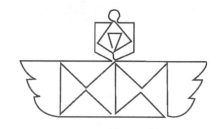

025. 第一感觉

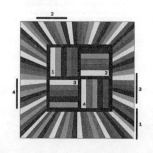

026. 找不同的图形

C

A、B 和 D 都包含两个圆、两个正方形、两条直线和两个三角形。在 C 图中只有一个三角形。

027. 齿轮带

黄色小齿轮将会把竖直的齿轮带向下带动 18 个齿，需要 6 分钟打开开关。

绿色小齿轮将会把水平的齿轮带向左带动 12 个齿，需要 4 分钟打开开关。

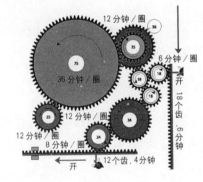

028. 赛跑

当选手 A 跑完 100 米抵达终点时，B 还在 90 米处，他只跑了选手 A 的 90% 的距离。同样的道理，选手 C 的速度也只是选手 B 的 90%，因此当 B 处于 90 米处时，C 应该正处在 81 米处。也就是说，选手 A 比选手 C 领先了 19 米。

029. 帽子与贴纸

如果 B 和 C 的贴纸都是蓝色的，那么 A 就会知道自己头上的是红色的，但是 A 并不知道自己的颜色，因此 B 和 C 中至少有一个或者两个人都是红色的。如果 C 是蓝色的，B 应该知道自己是红色的，但是 B 不知道，因此 C 的贴纸一定是红色的。

030. 按顺序排列的西瓜

? ? ? 7 ? ? ?
1 3 5 7 9 11 13
最重的西瓜是 13 千克。

031. 保龄球

可能的排列顺序应该有 6×5×4×3＝360 种。

032. 缺失的狭条

缺失的狭条：| 4 | 7 | 8 | 15 |

033. 猫和老鼠 (1)

不可能做到。

034. 进入迷宫

035. 齿轮游戏

将中间的齿轮逆时针旋转一个颜色格，所有齿轮相接处的颜色都会相同。

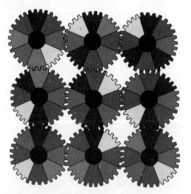

036. 直尺下落

通过这个实验可以测试出你的反应时间。这个反应时间就是从松开直尺到握住直尺它所滑落的距离。

你用一只手握住直尺的顶部，

让你的朋友食指和拇指稍稍分开，对准直尺上的 0 刻度处。突然松开直尺。你的朋友抓住直尺时所捏住的刻度就是他的成绩。

037. 赌博者的色子问题

每掷一次色子，没有掷到"6"的概率是 5/6。由于每一次掷色子都是独立的，那么没有掷到"6"的概率可以这样计算：

掷两次：$5/6 \times 5/6 \approx 0.69$

掷 3 次：$5/6 \times 5/6 \times 5/6 \approx 0.57$

掷 4 次：$5/6 \times 5/6 \times 5/6 \times 5/6 \approx 0.48$

也就是说你掷 4 次能够掷到一次"6"的概率是 52%。

038. 下落的砖

这个问题把你难住了吗？许多人认为答案是 1.5 千克，实际上应该是 2 千克。

039. 杂技演员

如图所示，有两种排列方法。

040. 沿铰链转动的双层魔方

4 个方片需要按以下顺序沿着铰链翻动：

①方片 7 向上；

②方片 9 向下；

③方片 8 向下；

④方片 5 向左。

然后我们就得到了著名的魔数为 34 的魔方。

041. 六边形

042. 数圆点（1）

当然，你可以一个一个地数，但这样花的时间绝对要超过规定的时间。

你可以先迅速分析一下图形的特点，然后再算出圆点的数量，这

样做能够大大提高速度。

每个小正方形中有 10 个圆点，一共有 9 个这样的小正方形，因此一共是 90 个圆点。

043. 齿轮正方形

逆时针旋转两圈半。

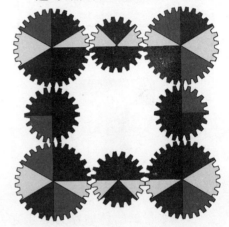

044. 填数字

11

把左右两边的圆垂直分成两半。在左边圆中，左半边圆中的数字相加等于中间圆中左上角的数字；右半边圆中数字相加等于中间圆中左下角的数字。右边圆也按照这种形式进行。

045. 掷色子

你们两个人掷到同一点数的概率是 1/6，因此，你们俩其中一个掷的点数比另外一个人高的概率为 5/6。

因此，你比你朋友点数高的概

率为5/6的一半，即15/36＝5/12。

下图为详解。

1	*	+	+	+	+	+
2	-	*	+	+	+	+
3	-	-	*	+	+	+
4	-	-	-	*	+	+
5	-	-	-	-	*	+
6	-	-	-	-	-	+

046. T时代

047. 液体天平——浮力

浸在水里的物体的浮力等于它所排出的水的重量。

你可能认为结果应该是在天平右端原来的重物基础上再加上与左端容器里重物承受的浮力相等的重量，然而真的是这么简单吗？

根据牛顿第三定律，作用力与反作用力相等。那么容器里的水对重物的浮力就等于重物对水的反作用力。

因此，天平右端的重量减少时，天平左端的重量相应增加。

所以要达到平衡，天平右端需要加上2W的重量，W等于重物在左端容器里排出的水的重量。

048. 贝克魔方

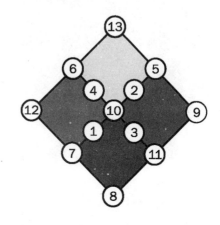

049. 精确的底片

应该选择B，将B覆盖在红色方框中每对图案右边的图案上，都能够使这3对图案都正好相互反色。

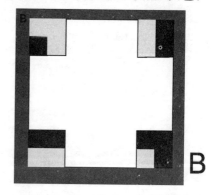

050. 数圆点（2）

在10×10的正方形中一共少了10个圆点，因此，一共是90个圆点。

051. 齿轮六边形

逆时针旋转2/3圈。

053. 图形与背景

在这个图案中你看到了什么？

如果你盯着这个图案看，你会交替地看到放射线条纹部分和同心圆环部分凸显出来。拿绿色的同心圆来说，你既可以把它看成是主体图形，而过一会儿之后它看上去又像是背景。

我们的眼睛不能从这个部分之中选择主体图形，当眼睛在纸面上来回扫动时，我们看到其中一个部分为主体，而过了一段时间，又看到另外一个部分为主体。这两种印象交替出现。

052. 简谐运动

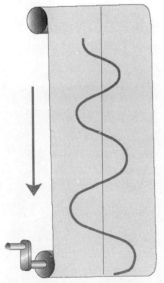

笔画出来的运动轨迹是一条正弦曲线，如图所示。这种运动被称为阻尼运动，这是因为在摩擦力的作用下振动最终停止，而且其运动轨迹成为一条直线。

理想的状态（即没有摩擦力的情况）被称为简谐运动。简谐运动是自然界中最常见的运动类型之一，比如池塘的水波、收音机的波等。

054. 七巧板数字

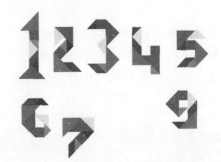

055. 图案速配

1	2	3	4	5
6	7	8	9	10
11	12	13	14	15
16	17	18	19	20
21	22	23	24	25
26	27	28	29	30

5	27	13	28	8
30	11	18	3	20
23	16	7	15	29
2	17	10	6	26
9	14	22	1	24
21	4	19	25	12

056. 3个小正方形网格

事实上，由1到9当中的3个数字组成和为15的可能组合有8种。

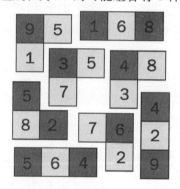

057. 落水的铅球

如果球直接掉进水池里，它排出的水池里的水量等于它本身的体积。

如果球落到船上，那么它排出的水量等于它自身的重量（阿基米德定律）。由于铅球的密度比水的密度大，因此落到船上所排出的水的体积要更大。

058. 8个多格拼板（1）

5个四格拼板不能正好放入 4×

5的长方形中。T形的四格拼板放进去覆盖住了3个黑色格子和1个白色格子，剩下的4个都是覆盖住两个黑色格子和两个白色格子。因此，这5个四格拼板覆盖的黑色和白色格子数必须分别都为奇数，但是题中长方形里的黑色和白色格子各10个，因此答案是不能放入。

059. 哥伦布竖鸡蛋

如图所示，这个鸡蛋竖起来的道理与高空走钢丝是一样的。两个叉子给鸡蛋提供平衡力，降低鸡蛋的重心。多一点儿耐心就可以完成题目的要求。

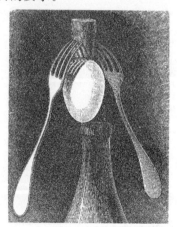

060. 共振摆（1）

在这个装置中，通过起连接作用的绳子使这两个摆锤的运动相互作用。当其中一个摆锤开始振动时，这种振动转移到起连接作用的绳子上，然后再转移到另一个摆锤上。第一个摆锤的能量逐渐转移到另一个摆锤上，然后再转移回来。

由于这种共振转移作用，这种摆通常被称为共振摆。

061. 中空的立方体（1）

如图所示。

062. 多边形七巧板

如图所示。

063. 3 道菜

第一组菜中你有两道可以选择，第二组菜中你有三道可以选择，第3组菜中你有两道选择。因此你的选择方法一共应该有 $2 \times 3 \times 2 = 12$ 种。

064. 六阶魔方

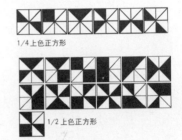

28	4	3	31	35	10
36	18	21	24	11	1
7	23	12	17	22	30
8	13	26	19	16	29
5	20	15	14	25	32
27	33	34	6	2	9

065. 黑白正方形

1/4 上色正方形

1/2 上色正方形

066. 8 个多格拼板（2）

8 个多格拼板可以正好放进这个 4×7 的长方形中，下图所示的是多种解法中的一种。

067. 倒三角形

这个结构理论上你想搭多高都可以。当你将一块积木放在另一块积木上时，只要它的重心在比它低的积木上面，就不会倒。

如果所有的积木都摆放得非常完美，那么整个结构会非常平稳（当然，在实际操作中，即使是很小的误差也会导致积木全部倒塌）。

068. 共振摆（2）

过了一段时间之后，所有的摆都开始摆动，但是只有第一个开始摆动的摆和与之颜色相同的摆的摆幅最大。它们之间通过振动传递能量。

每个摆都有一个摆动频率或者固有频率。每个摆的每一次摆动都会拉动连接的横杆，并带动其他的摆。其中摆长相同的两个摆固有频率也相同，从而相互作用。

最终，这一对摆长相同的摆中有一个摆幅慢慢接近0，它的能量转移到另一个摆上，使这个摆的摆幅达到最大，然后能量又传递回来，如此循环往复。

069. 中空的立方体（2）

如果你观察得足够仔细的话，还可以将立方体的4个面画出来。

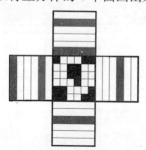

070. 象形的七巧板图形

071. 买彩票（2）

根据组合公式：

$$C_n^k = \frac{n!}{k!(n-k)!} = \frac{54!}{6!(54-6)!}$$

$$= \frac{54 \times 53 \times 52 \times \cdots \times 3 \times 2 \times 1}{(6 \times 5 \times 4 \times 3 \times 2 \times 1) \times (48 \times 47 \times \cdots \times 2 \times 1)}$$

$$= 25827165$$

072. 八阶魔方

52	61	4	13	20	29	36	45
14	3	62	51	46	35	30	19
53	60	5	12	21	28	37	44
11	6	59	54	43	38	27	22
55	58	7	10	23	26	39	24
9	8	57	56	41	40	25	24
50	63	2	15	18	31	34	47
16	1	64	49	48	33	32	17

八阶魔方具有许多"神秘"的特性，而且超出魔方定义的一般要求。

比如说每一行、列的一半相加之和等于魔数的一半等。

073. 二进制图形

至少要变 4 步，分别是第一行、第四行、第二列和第三列。

074. 多形组拉丁拼板（1）

如图所示。

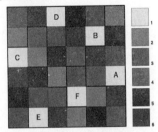

075. 机会平衡

一共有 6 种平衡的情况（如图所示的 3 种，再加上它们分别反过来摆放）。

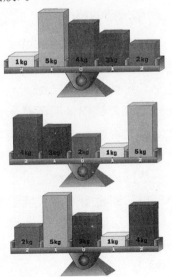

076. 1 吨重的摆

通过很多次轻轻地拉动绳子，

这个巨大无比的摆将会慢慢摆动起来，而且摆幅会越来越大，只要轻拉绳子，节奏是可以引起共振的。

如果你用力过大就会将磁铁从摆上拉开，而轻轻地拉动绳子则会带动摆开始有一点儿摆动。然后把磁铁拿开，让摆自己摆动，当它向你摆过来又要摆回去的时候，再次将带着绳子的磁铁吸在它侧面，并且将绳子往你的方向轻轻拉。如果你时机把握得好，节奏又把握得非常准的话，摆的摆幅就会逐渐增大。

077. 弄混了的帽子

如下页图所示，3 个帽子弄混一共有 6 种情况。

而其中的 4 种情况都有一个人拿到他自己的帽子。因此至少有一个人拿到自己帽子的概率应该是 4/6，也就是约为 67%，这个概率还是很高的。

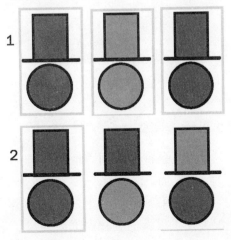

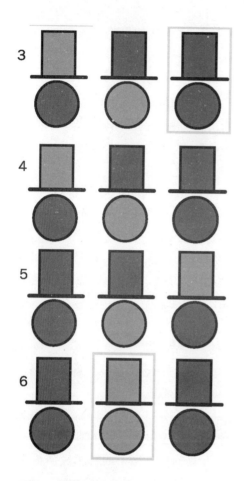

从 3 到 10 对夫妻满足条件的排列方法：

n＝3	1
n＝4	2
n＝5	13
n＝6	80
n＝7	579
n＝8	4738
n＝9	43387
n＝10	439792

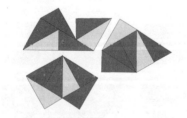

080. 阿基米德的镜子

尽管许多科学家和历史学家都对这个故事着迷，但是他们都判定这是个不可能完成的功绩。不过有几个科学家曾试图证明阿基米德的确能使罗马船舰突然冒出火苗。这些科学家的假设是，阿基米德用的肯定不是巨型镜子，而是用非常多的小反射物制造出一面大镜子的效果，这些小反射物可能是磨得非常光亮的金属片（也许是叙拉古战士的盾牌）。

阿基米德所做的是不是仅仅让他的士兵们排成一行，命令他们将太阳光聚焦到罗马船只上呢？

078. 三角形七巧板

079. 夫妻圆桌

满足条件的排列方法只有唯一的一种，如下图所示。

而如果有 3 对以上的夫妻，情况会发生很大的变化。下面列举了

1747年法国物理学家布丰做了一个实验。他用168面普通的长方形平面镜成功地将330英尺（约100米）以外的木头点燃。似乎阿基米德也能做到了这一点，因为罗马船队在叙拉古港湾里距离岸边肯定不会超过大约65英尺（约20米）。

1973年一位希腊工程师重复了一个与之类似的实验。他用70面镜子将太阳光聚集到离岸260英尺（约80米）的一艘划艇上。镜子准确瞄准目标后的几秒钟内，这艘划艇开始燃烧。为了使这个实验成功，这些镜子的镜面必须是有点儿凹的，而阿基米德很有可能用的就是这种镜子。

081. 珠子和项链

基本的图案只有3种，然而通过不同颜色之间不同的排列一共可以串出12种不同的项链，如下图所示。

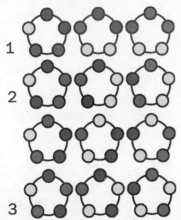

082. 多形组拉丁拼板（2）

如图所示。

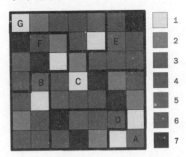

083. 平衡游戏板

游戏板上所有这些重物都放置在正多边形的顶点，如下页图所示。其中还缺少5个重物，在图中用红色大圆圈表示。加上这5个重物可以保持整个游戏板的中轴平衡，因为所有的重物都是对称分布的。

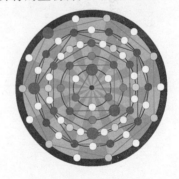

084. 增大体积

你的体重将会变成原来的8倍。

如果所有测量长度的工具都变为原来的2倍，那么一个二维物体的面积将会增加到原来的4倍（2×2）。

245

同样，一个三维物体的体积将会变成原来的 8 倍（2×2×2），因此重量也会变成原来的 8 倍。

085. 顶点的正方形

这是一个经典的变换视觉主体图形的问题。有些二维的图形在解读它的三维效果时有多种方法。这个顶点处的正方形可以有 3 种方法来解读它，但是其中每一种印象都不会持续很久。

086. 分割棋盘

087. 圆桌骑士

n 个骑士在圆桌旁的排列应该

有：$\dfrac{(n-1) \times (n-2)}{2}$ 种，

即：$\dfrac{(8-1) \times (8-2)}{2} = 21$ 种。另

外的 20 种排列方法如图所示。

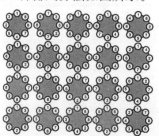

088. 光路

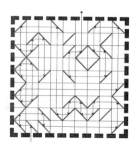

089. 成对的珠子

最少应由 16 颗珠子组成，如图所示。

要用 n 种颜色组成一个圆圈，使该圆圈包含这些颜色中任意两种颜色的所有组合，那么这个圆圈最短的长度是 n^2。

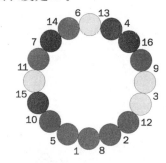

090. 多格拼板对称

如图所示。

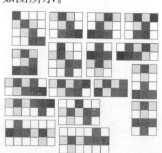

091. 小球平衡

4 个问题的答案分别如图所示。也有其他解法。

横框两边的力矩＝重量×它到支点的距离。例如在问题 1 中，横框右边的力矩为：

蓝色小球：$5×4=20$

红色小球：$2×2=4$

绿色小球：$3×1=3$

因此，右边的总力矩是 27。而左边有 $(2×5)+(1×4)+(3×3)+(4×1)+(1×0)=10+4+9+4+0=27$，与右边相等，由此使这个结构平衡。

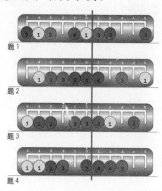

题 1
题 2
题 3
题 4

092. "楼梯"悖论

在第 10 代时一共有 $2^{10}=1024$ 级楼梯。

无论将原正方形怎样分割，楼梯的长度都是不变的，即等于原来正方形边长的 2 倍，即两个单位的边长。

另一方面，随着分割的不断进行，这个"楼梯"最终看上去将会近似于一条斜线，那么根据勾股定理，这条斜线，即正方体的对角线的长度应该等于 $\sqrt{1^2}+\sqrt{1^2}=\sqrt{2}$。

看上去我们好像自相矛盾了（$\sqrt{2}≠2$），不是吗？

事实上，尽管这些小的梯级最后看上去趋近于一条对角线，但实际上并不是这样的。

虽然梯级变得越来越小，但是不论多小，它还是存在的，只不过用肉眼看不到罢了。不管梯级最后有多小，楼梯的长度总是等于 2 倍的边长。

093. 密码

MASTERMIND

你可以从书页的下面向上看。

094. 五角星

095. 动物转盘

满足条件的排序一共有 4 种，下图是其中的 1 种。

096. 火柴光

可以，吸烟的人能看到经过两面镜墙反射出来的火柴光。

在19世纪50年代，厄斯特·斯托斯提出一个难题：是否存在一间如此复杂的房间，你在里面某处划着了一根火柴，却因为光的反射无法到达而使得有部分空间依然湮没在一片漆黑中？这个问题直到1995年才有了答案，加拿大艾伯塔大学的乔治·托卡斯凯回答了这个问题：存在这样一种房间，其目前可知面积最小的房间平面图有24条边。只要火柴光所在的位置恰当，就会至少有另一个相对点处在黑暗中，如图所示（图中的红点）。乔治·托卡斯凯把它叫作最小不可照明的房间。

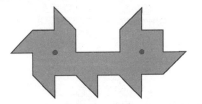

在托卡斯凯房间里有一个特定的划火柴的点，使得火柴划亮之后房间有一部分处在黑暗中，但如果你把火柴稍微移动一点儿，整个房间就又变亮了。

没有答案的问题依然存在：是否存在一间如此复杂的房间，你无论在里面什么地方划火柴，房间里都会有暗点？

097. 六边形游戏

098. 数字展览

奇数乘以奇数结果为奇数，一个奇数的任何次幂还是奇数，因此所有的首项都是奇数。图中的画除了第二幅以外其余结果都是偶数。

099. 多格拼板矩形

A：序号为10

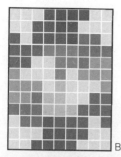

B：序号为 18

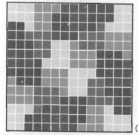

C：序号为 28

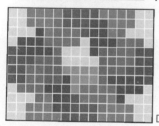

D：序号为 24

100. 无限与极限

最终图形的高度会接近原来图形的 2 倍，却永远不可能达到它的 2 倍，不论这个数列如何继续下去：1 + 1/2 + 1/4 + 1/8 + …

计算"塔"的高度也与此类似。

101. 滚动立方体

最小的板应该是 4×6 的板，如图所示，箭头所示为立方体滚动的路线。

102. 心形七巧板

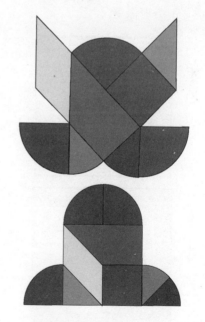

103. 蛋卷冰激凌

一共有 3 种口味需要排序，因此应该是 3 的阶乘，也就是一共有 6 种排序方法，因此，冰激凌的口味正好是你最喜欢的顺序的概率应该是 1/6。

104. 转角镜

正常情况下，镜子将物体的镜像左右翻转。以正确角度接合的两面镜子则不会这样。

转角镜中右面的镜子显示的没有左右变化，男孩在镜子中看到的自己和日常生活中别人看到的他是一样的。

这种成像结果是由于左手反转以及前后反转同时作用。

105. 正方形游戏

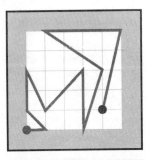

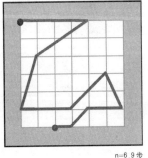

n=6.9步

106. 五格拼板

这 12 个五格拼板在棋盘上的摆

放位置有很多种，最后总是会留下 4 个方格。无论这 4 个方格选在哪里，总是可以将这 12 个五格拼板放进去。如图所示为答案之一。

107. 数字筛选

不管你如何选择这 10 个数，总是可以从中找出两组数字之和相等。

在这 10 个数里选择一个数一共有 10 种方法，选择一组两个数有 $(10 \times 9) \div (2 \times 1)$ 种方法，选择 3 个数有 $(10 \times 9 \times 8) \div (3 \times 2 \times 1)$ 种方法，一直到选择 9 个数有 $(10 \times 9 \times 8 \times 7 \times 6 \times 5 \times 4 \times 3 \times 2) \div (9 \times 8 \times 7 \times 6 \times 5 \times 4 \times 3 \times 2 \times 1) = 10$ 种方法。加起来一共是 1012 种方法。

一组数之和最小的可能是 1，最大的可能是 945（一组里面包含 10 个数，从 90 到 99）。

也就是说，选择数字一共有 1012 种方法，各组的和只有 944 种可能。

因此，如果从小于 100 的整数

中任意选出 10 个数，总是可以从中
找出两组，使其数字和相等。

面上，然后再通过墙反射进管子。

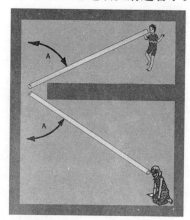

108. 黑色图形的面积

黑色图形的面积等于 a^2，也等
于最下面那个正方形面积的 1/4。

由圆弧可以得知，上面大正方
形里面的正方形的边长与下面的正
方形的边长相等，即等于 b，再由勾
股定理得出 c 的长度，即可求得黑色
图形的面积等于 a^2。

109. 滚动色子（1）

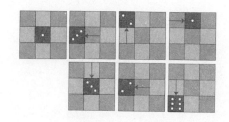

110. 圆形七巧板

111. 传音管

声音的传播跟光一样，也遵循
反射定律。

如图所示，当两根管子跟墙所
成的角度分别相等时，两个孩子就
能够听到对方讲话。声波反射到墙

112. 曲面镜

男孩看到的自己是右边凸起。

113. 虹吸管

这个模型展示的是间歇虹吸
原理。

将这个模型倒过来，水首先会
慢慢地流到中间的空厢，直到水位
到达弯管的顶部，这时马上就会出
现虹吸现象，迅速将中间空厢里的
水抽干。这个过程将会不断重复，
直到上面空厢里的水被完全抽干。

为什么会出现这样的现象呢？

虹吸管长的一端的水的重量要
大，引起水从上面的空厢流出，直
到上面的空厢被抽空。

虹吸现象之所以发生，最根本
的一点是出水口要比入水口低。

很多世纪以前虹吸现象就被工
程师所熟知，它被广泛运用在多个
领域。最典型的一个例子是文艺复

兴时期建造的自动喷泉。它是一个包含多个管子和虹吸管的复杂装置，这个自动喷泉上有机器鸟，每隔一段时间就会自动唱歌，还会扇动翅膀，这些靠的都是水的动力。之后一个更有名的运用就是厕所的冲水马桶。

对于虹吸管的研究是属于流体动力学领域的，流体动力学是流体力学的一个分支。

如果把这个模型再次倒过来，虹吸现象就会再次出现。

114. 六格拼板

如图所示。

115. 总长度为10

将奎茨奈颜色棒分开，再组成长度为 n 的方法有 2^{n-1} 种。

想象一根长度为 10 的奎茨奈颜色棒在每隔 1 个单位长度的地方做有标记。在每一个间隔处，你有两种选择：你可以在此处将颜色棒折断，或是保持原样。

在一根这样的颜色棒上有 9 处标记，可供你选择折断，或是保持原样。因此排列长度为 10 的颜色棒一共有 29 种方法。

$$2×2×2×2×2×2×2×2×2=512$$

116. 等差级数

对于一些简单的等差级数，其等差在 1 阶就可以得到，但是对于高阶等差级数，在找出等差之前需要进行多阶分析。

下面是两道题的详解：

题 1：20　28　40　56　76

0 阶

1 阶　　　8　12　16　20

2 阶　　　　4　4　4

$4+16+56=76$ 即问号处需要填上的数。

题 2：

8　26　56　100　160　238　336

0 阶

1 阶　　　18　30　44　60　78　98

2 阶　　　　12　14　16　18　20

3 阶　　　　　2　2　2　2

$2+18+78+238=336$ 即问号处需要填上的数。

在这个过程中，我们会发现高阶等差级数并不是在每一阶等差都相同。因此，我们需要多阶分析才能找到最后的等差。

有些级数之间不是等差，而是

等比，也就是每次都乘以一个固定的数，这种级数叫作等比级数。级数中后一个数与前一个数的比值就是这列数的等比。

举一个例子：

2　　　6　　　18　　　54

6÷2＝3　18÷6＝3　54÷18＝3

因此，这个数列的下一个数就应该是 54×3＝162。

117. 滚动色子（2）

从起点开始滚动色子，你可以使它最后在任何格子里以任何数字朝上。

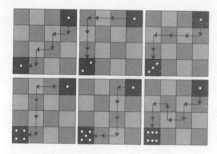

118. 对角线问题

在 10×14 长方形中对角线穿过了 23 个小正方形。

关于被对角线穿过的正方形的个数，我们是否可以总结出这样一个公式：被对角线穿过的正方形的个数等于长方形两个边上小正方形的个数和减去 1？

这个公式适用于所有的长方形吗？

试一下 6×9 这个长方形。

我们得到 9＋6－1＝14，但是对角线穿过的正方形的个数只有 12 个。显然，我们的公式也不适用于对角线穿过正方形的角的情况。

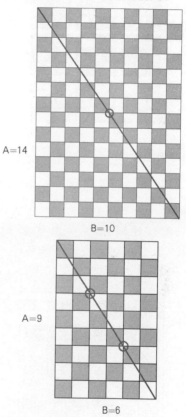

A=14

B=10

A=9

B=6

119. 帕斯卡定理

我们必须记住的是水压所产生的巨大力量是同距离有很大关系的。

因此，大活塞每活动 1 个单位距离，小活塞就要活动 7 个单位距离。

加在小汽缸上的压力应该是 7 牛。

120. 三阶拉丁方

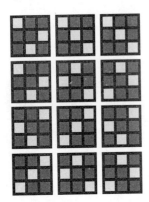

121. 颜色密码

"There is no substitute for hard work."

没有任何东西可以代替刻苦工作。

——托马斯·爱迪生

122. 多格六边形

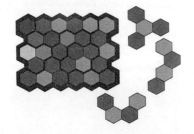

123. 奎茨奈颜色棒游戏

如图所示

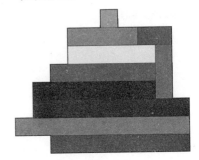

124. 摩天大楼的顺序

在 9!（9 的阶乘）也就是362880 种不同的排列方法中，一共有 84 种方法符合要求，如图所示是其中的两种。

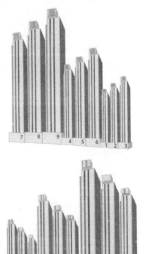

125. 飞上飞下

这是一个深度交替变换的视错

觉图。一会儿你看到其中一只在这个图像的上方飞，一会儿你又看到另一只在上方飞，如此重复交替。

126. 正方形分割问题

把1个正方形分割成6个相似的等腰直角三角形有27种方法：

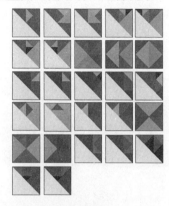

127. 圆的弦相交问题

每3个圆的3条公共弦都有1个交点，一共有3个这样的交点，这3点连成线可以组成1个三角形。

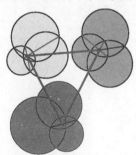

128. 四阶拉丁方

如果只要求每一行、列有4种不同的颜色，那么以下这个简单的图案会符合要求：

129. 链条平衡

链条会开始向空盘的这一端滑动，直到这端的"臂"要比另外一端更长，从而使这端更重。

链条虹吸管也是类似于虹吸管原理。

当然，这种装置不会有真空，或是气压等条件。这个模型只是展示了滑轮臂的不同长度。

130. 五格六边形（1）

如图所示。

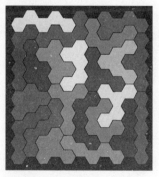

131. 数字1到9

$32547891 \times 6 = 195287346$

132. 睡莲

59天。在最先只有1朵睡莲的

情况下，第二天应该有两朵睡莲。

133. 红色圆圈

这个类似红色圆圈的图形根本就不是一个标准的圆，下图中红色细线标出来的才是一个标准的圆。

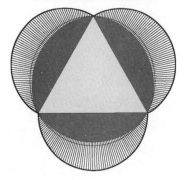

134. 圣诞节风铃

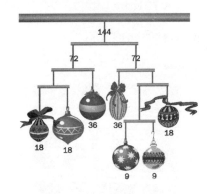

135. 半径与面积

橙色的圆的半径是黄色圆半径的一半，那么根据圆的面积公式，橙色的圆的面积应该是黄色的圆的1/4；而图中一共有两个橙色的圆，那么两个橙色的圆的面积应该是黄色的圆的面积的一半。其他的圆可以同理得到。

假设黄色的圆的面积为1个单位面积，那么其他颜色的圆的面积为：

橙色的圆为1/2个单位面积；

红色的圆为1/4个单位面积；

绿色的圆为1/8个单位面积；

紫色的圆为1/16个单位面积；

黑色的圆为1/32个单位面积。

136. 五阶对角线拉丁方

137. 柜子里的秘密

密码是CREATIVITY。

138. 五格六边形（2）

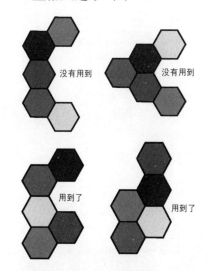

没有用到　　没有用到

用到了　　用到了

139. 旋转的物体

如下图所示

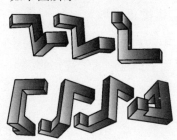

140. 雪花曲线

很容易证明雪花曲线的面积是有限的。不论怎么发展，这条曲线的面积都不会超过原三角形的外接圆的范围。这条曲线所围住的面积的极限是原三角形面积的 8/5。

现在我们来讨论这条曲线的周长。设原三角形的边长是 1，则它的周长就是 3。那么，第一次变化之后

所得到的多边形的周长是原三角形的周长再加上 3 段长度为原三角形 1/3 边长的线段，即这个多边形的周长是原三角形的 4/3 倍。因此，每一次变化之后，图形的周长为变化前的 4/3。当然这种变化是无限的，因此，图形的周长也是无穷大的。

雪花曲线以及类似的曲线揭示了一个非常重要的原理，即复杂的图形可以由一些非常简单的图形通过重复变形得到，这些图形被称为碎形。雪花曲线是由冯·科赫于 1904 年发现的。

141. 点与线

下图是德扎格结构，在这个结构中共有 10 个交点（10 条线中每 3 条线相交）。

另外，有 3 个交点可以忽略不计，因为经过它们的只有两条线。

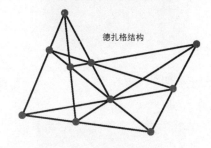

德扎格结构

142. 4 个力

可以把每两个力相加，按顺序算出它们的合力，直到得到最后的作用力，或者把它们按照下面所示加起来。

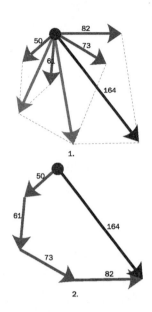

1.

2.

143. 电影胶片

所得到的图案如下图所示。

144. 六阶拉丁方

解法之一，如下图所示。

145. 拼图游戏

问 1

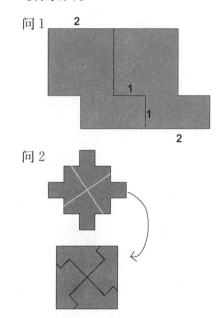

问 2

146. 棋盘正方形

一共有 204 个正方形，这个结果是由下面这个式子得到的：

$8^2+7^2+6^2+5^2+4^2+3^2+2^2+1^2=204$

边长包含 n 个单位正方形的大正方形里所含的正方形数等于从 1 到 n 的整数的平方和。

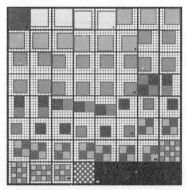

147. 轨道错觉

开普勒当然是正确的，但这幅图里面的椭圆并不是真正的椭圆。在它中部其实是两条平行的直线，但是在其他射线的干扰下，整个图形看上去像一个椭圆。

148. 正方形里的正方形

如果不断重复这个过程，那么最终的结果就是黄色部分的面积将会一直增加，直到它的面积最后等于原来正方形的面积。这个结果听上去令人摸不着头脑，但是这种结果在处理无限问题的时候并不算是非常特殊的。

第 1 次分割：新出现 1 个黄色正方形，其面积为 $1/9 \approx 0.111$；

第 2 次分割：新出现 8 个黄色正方形，其面积分别为 $(1/9)2$。因此此次分割后黄色部分的总面积为 $8 \times (1/9)2 + 0.111 \approx 0.209$

第 3 次分割：新出现 82 个黄色正方形，其面积分别为 $(1/9)3$，此次分割后黄色部分的总面积等于 $82 \times (1/9)3 + 0.209 \approx 0.297$

第 4 次分割：新出现 83 个黄色正方形，其面积分别为 $(1/9)4$，此次分割后黄色部分的总面积等于 $83 \times (1/9)4 + 0.297 \approx 0.375$

这个图形变得逐渐清晰。黄色部分的总面积是一个无限的数，它

等于：

$$1/9 + 8 \times (1/9)^2 + 8^2 \times (1/9)^3 + 8^3 \times (1/9)^4 + \cdots$$

如果我们根据这个式子算到第 25 次分割，黄色部分的面积总和就已经约为 0.947，这个数字与原正方形的面积 1 非常接近了。

149. 轮盘赌

有一个答案是"如果赌场是你的，那么你在轮盘赌中就一定会赢"。除此以外还有另一种可以让你必胜的方法，不过必须要准备很多钱。这种方法从赌注为 1 美元开始，它保证你无论如何都会赢 1 美元。

它是这样操作的：你押 1 美元的赌注押红色。如果出现的是红色，那么你赢 2 美元，也就是净赢 1 美元，你就可以退出了。

如果出现的不是红色，那么你再押 2 美元押红色，出现的是红色，你就赢 4 美元，也就是净赢 1 美元。如果出现的不是红色，你再押 4 美元押红色。如果出现红色，那么你赢 8 美元，即净赢 1 美元。

如果还是没有出现红色，你就继续这个策略，每次都将赌金加倍，直到红色出现（最后一定会出现），这种方法一定会起作用。

问题是如果你想赢 1000 美元，那么你必须以 1000 美元开始，而且几轮之后，赌金会变得相当大（即

使你最开始押的是 1 美元，但如果连输 15 次之后，你就必须押 16000 美元才能赢 1 美元）。而且即使你有足够多的钱，还有一个问题就是赌场规定有注码上限，因此，你的策略可能不能一直使用，也就是说你可能会输掉所有在达到这个上限之前押的赌金。

如果一个人最开始押注为 $2n-1$ 美元，那么当黑色出现 n 次后，他所押的赌金就输光了。

150. 3 个重量

有 6 种方法去排列这 3 个盒子。

称一次可以在两种可能性中决定一个，称两次可以在 4 种可能性中选择，称 3 次可以在 8 种可能性中选择……

一般来说，"n"次称重将最多决定 2n 种可能性。

在我们的题目中：

称重一次：A＞B

称重两次：A＜C

结论：C＞A＞B，问题就解决了。

如果第二步称重时：A＞C

那么就有两种可能性：A＞B＞C 或 A＞C＞B，所以我们需要第三次称重来比较 B 和 C。所以最多需要称 3 次。

151. 阿基米德的盒子

各块碎片的面积如图所示。

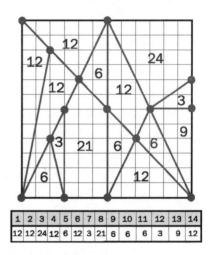

1	2	3	4	5	6	7	8	9	10	11	12	13	14
12	12	24	12	6	12	3	21	6	6	6	3	9	12

152. 七阶拉丁方

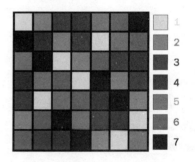

153. 折叠问题

这些纸条的折叠顺序应该是 3－8－1－10－5－7－4－6－2－9。

154. 六格三角形

如图所示。

155. 坐标

答案依次如下：

（1）A6，C5，G6。

（2）D2。

（3）12 个。

（4）117，一共出现过 3 次。

（5）G1 的值最小，为 91。

（6）E4。

（7）不存在。

（8）不存在。

156. 西尔平斯基三角形

第 4 次分割之后的图形如图
所示。

157. 灌铅色子

将色子慢慢地放进一杯水中。
灌了铅的色子在下沉的过程中
会不断打转，而普通色子则会直接
沉下去，不会打转。

158. L 形结构的分割问题

显然 L 形结构可以被分割成任
何 3 的倍数。对于 n＝4 的答案是一
个经典的难题，这时被分割成的部
分是和原来一样的 L 形结构。（这种
图形被称作"两栖动物"，因为每个
这种图形都可以被继续分割成 4
部分。）

对于 n＝2 的答案是另外一种图
形（同 n＝8，32，128，512，…的
答案类似）。你可以把每部分都分割
成和它原来一样的 4 部分吗？

这个问题最早出现在 1990 年出
版的《娱乐数学杂志》中。

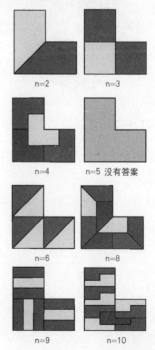

159. 双色珠子串

二连珠可能有 4 种：红—红；红—蓝；蓝—蓝；蓝—红。

三连珠可能有 8 种。

没有重复的二连珠的珠子串最长含 5 颗珠子：

没有重复的三连珠的珠子串最长含 10 颗珠子：

160. 魔轮

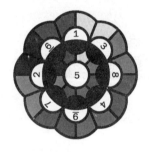

161. 第 5 种颜色

格雷格的地图只是愚人节的一个玩笑罢了。

四色定理在 1976 年被证明，也就是说平面中的任何地图只需要 4 种颜色上色。

在马丁·加德纳这篇文章发表后，马上就收到了成百上千的读者来信，信中是他们用 4 种颜色上色的格雷格的地图，下图就是其中的一种。

162. 六格三角形拼板

下图所示为其中一种解法。不过，有人已经收集了 4200 多种解法。

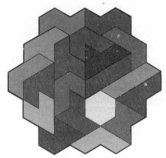

163. 小猪存钱罐

$$1/4x + 1/5x + 1/6x = 37$$
$$x = 60$$

因此，我一共有 60 美元。

164. 空白的圆

从左向右进行，把左边的圆作为起始图形，这个图形与它围绕纵轴反射后的图形组合在一起，就是中间的图形；这个图形与它围绕横轴反射后的图形组合在一起，就得到右边的图形。

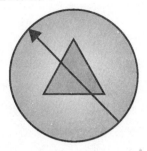

165. 旋转的窗户

如果窗户慢速旋转，你看到的将是一个摆动的长方形！

如果你在窗户的一个洞里面插上一支铅笔，甚至会出现更奇特的现象。有些人会看到铅笔改变了方向——它看上去像是从中间弯折或者扭曲了，并且随着旋转，它的速度和形状看上去都发生了改变。

窗户边的阴影会引起更多复杂的错觉。

在旋转的窗户上附上任何小东西（如小鸟），这个小东西看上去都在与窗户做反方向运动。

166. 把正方形四等分

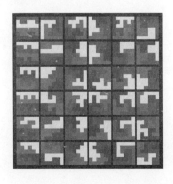

167. 六边形的星星

只有这个图案是单独的，其他图案都是成对出现的。

168. 三阶反魔方

三阶反魔方存在，而且可以有其他答案。

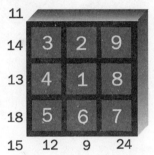

169. 图案上色

这两个图形都只需要用 3 种颜色上色，如下图所示。

170. 七格三角形

如图所示。

171. 三角形数

查尔斯·W·崔格发现了 136 种不同的排列方法。如图所示是其中 4 种。

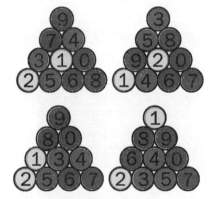

172. 循环图形（1）

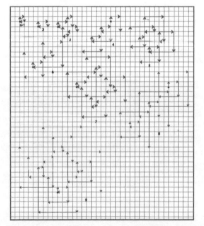

如上图所示。当 n 能被 4 整除

时，图形不是闭合的。

173. 数学家座谈会

7 个人一共有 7！即 5040 种排列方法。

而这 3 位有胡子的数学家坐在一起的情况一共有 5 种（如下图所示，B 表示有胡子的数学家）。

B B B X X X X
X B B B X X X
X X B B B X X
X X X B B B X
X X X X B B B

对于这 5 种情况中的每一种，这 3 位数学家之间的排列方法为 3×2×1＝6 种。而没有胡子的数学家之间的排列方法为 4×3×2×1＝24 种。因此，这 3 位数学家坐在一起一共有 5×6×24＝720 种方法。

其概率为 1/7（720/5040）。

174. 炸弹拆除专家

祝贺你！你既然还活着来核对答案，说明你一定是按照图示那样剪了 8 次。

175. 求 C 值

11

❀代表 1，❂代表 2，把方框中所有的值相加。

176. 保险箱

B，内环的 2c。

177. 帝国地图

至少需要用 12 种颜色来给该地图上色。

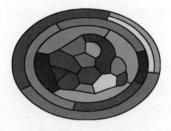

178. 镜像

B

179. 中心六边形数

第 6 个中心六边形数等于 91。求它的公式为 $Hn = n^3 - (n-1)^3$

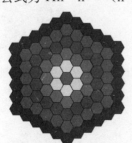

第 6 个中心六边形数(H_6=91)

180. 循环图形（2）

如图所示。

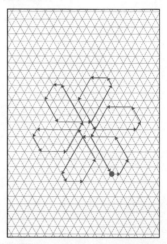

n=5

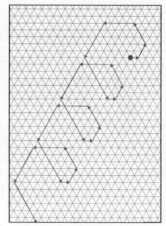

n=6

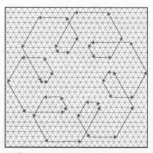

n=7

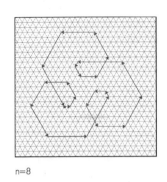

n=8

181. 两个家庭

这个问题可以从帕斯卡三角形中找到答案。从帕斯卡三角形的第八行可以看出，生 4 男 4 女的概率为 70/256，约 27%。

生 8 个孩子性别都相同的概率为 1/256，比 1% 还要小。当一个家庭所生的孩子 6 个以上都为同一性别时，我们就不能仅仅考虑概率的因素了，还必须考虑基因这个因素。

我们说生 4 男 4 女比生 8 个同一性别的孩子的可能性更大，这是因为我们并没有将孩子的出生顺序考虑进来。某一个特定出生顺序的 4 男 4 女，比如 GBBGGBGB（G 代表女孩，B 代表男孩），与 GGGGGGGG 或者 BBBBBBBB 的概率是完全相同的。

182. 门

答案是 A，每种图形都按照各自固定的顺序转动。

183. 拇指结

这个结会被打开。

184. 魔"数"蜂巢

185. 曲线上色

至少需要 4 种颜色，如下图所示。

马丁·加德纳把这样一系列用 3 种颜色上色满足不了条件的边染色图命名为"蛇鲨"。而事实上，这些图应该被称为"非三色上色图"。

这一类图是由约翰霍普金斯大学的鲁弗斯·艾萨克斯首先开始研究的。

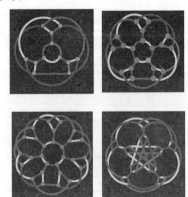

186. 渔网

如图所示，18 条"鱼"都可以放进"渔网"。

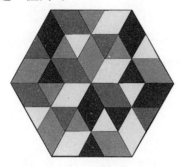

187. 加减

如图所示。

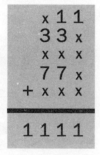

188. 最长路线

最多可以走 5 步。

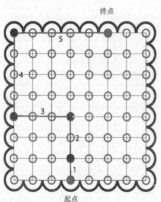

189. 两个孩子的家庭

女人的两个孩子都是男孩的概率约为 33％，而男人的两个孩子都是男孩的概率约为 50％。

对至少有一个孩子为男孩的女人来说，她的孩子有 3 种可能性：

大一点儿的孩子	B	G	B
小一点儿的孩子	G	B	B

这 3 种情况的概率都相等，因此，她有两个男孩的概率为 33％。

而对于男人来说只有两种可能性：

大一点儿的孩子	B	B
小一点儿的孩子	G	B

这两种情况概率相等，因此，他有两个男孩的概率为 50％。

190. 六边形的分割

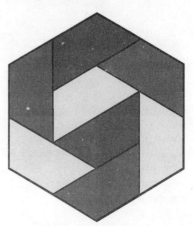

191. 五角星魔方

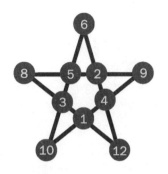

192. 最短的距离

如下图所示，对于房子总数为偶数的情况，到所有的房子距离最近的点应该在中间两栋房子的中心。

而对于房子总数为奇数的情况，到所有房子距离最近的点应该是最中间的那栋房子。

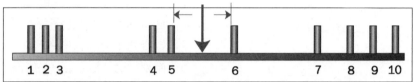

193. 中心点

从左数第 4 个点是该大圆的圆心。

194. 纪念碑

这个纪念碑是由 36 个原图形构成的。

它本身也可以分割成 36 个与它一样的图形。如图所示。

195. 8 个 "8"

如图所示。

196. 细胞路线

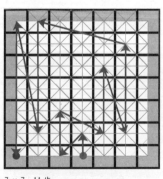

7×7 11步

8 × 8 14步

197. 最好的候选人

面试 36 个人。这样会将你选到最优秀的人的概率提高到 1/3，这是你所能做到的最好的结果。

如果你愿意妥协，认为选择这 100 名中的第二名也可以，那么这样你只要面试 30 个人，你选到第一名或者第二名的概率就会高于 50%。而如果你认为选择这 100 名中的前 5 名都可以，那么你只需要面试 20 个人，你选到前 5 名之一的概率就会达到 70%。

198. 逻辑推理

答案是 A，每种图形都按照各自固定的顺序转动。

199. 肥皂环

如图所示，这个曲面被称为悬链曲面。

200. 六角星魔方

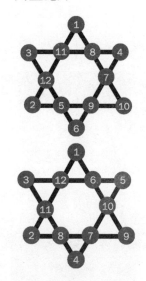

201. 蜈蚣

所有这些横线都是等长的。

202. 平行线

如图所示，图中用箭头标出来的那条线与其他直线都不平行，它有点儿倾斜。这个小小的改动使这条直线看起来与它左右相邻的直线平行。但事实上不是，它是唯一一条与其他直线都不平行的直线。

203. 总和为 15

一共有 8 组。

204. 细胞变色

第四次变色后会重新变回到第二次变色之后的图形。(见下图)

1

2

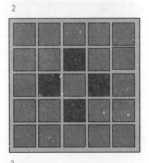

3

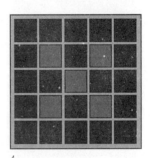

4

205. 掷到"6"

显然,概率肯定不是 100%。

事实上,你可以先计算 6 次全部都没有掷到"6"的概率。

每一次没有掷到"6"的概率为 5/6,那么 6 次全部没有掷到"6"的概率为:$5/6×5/6×5/6×5/6×5/6×5/6≈0.33$。

因此,6 次中至少有一次掷到"6"的概率为 $1-0.33=0.67$,即 67%。

206. 21 个重物

最多需要称 3 次。

把 21 个盒子分成 3 组,每组 7 个。在天平的两端每边放一组,可以得出两种可能的结果:

a. 天平平衡;

b. 天平倾斜。

如果天平平衡,那么那个较重的盒子就在没有被称的那一组里。如果天平倾斜了,显然那个较重的盒子在天平倾斜的那边。把重的那组分为两组,每组 3 个盒子,剩下一个盒子,把这两组分别放在天平的两端。

又一次，有两种可能的结果：

a. 天平平衡；

b. 天平倾斜。

如果天平平衡，那么那个剩出的盒子就是那个比较重的盒子，我们就不需要再称了。否则，我们就需要再称一次，在天平两端每边放一个盒子，剩下一个盒子。

207. 左撇子和右撇子

N 是既是左撇子同时也是右撇子的学生数。

7N 的人是左撇子，9N 的人是右撇子。

那么 N＋6N＋8N＝15N，即全班的学生数。

而右撇子在学生总数中所占的比例是 9N/15N，即 3/5，超过班上一半的人数。

208. 七角星魔方

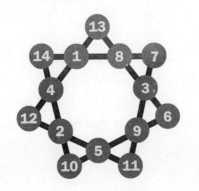

209. 垂直的剑

眼睛贴近纸面，从图右下方的一点往上看。

210. 书虫

书虫一共爬过了 25 厘米，如下页图所示。它吃掉了 4 整本书以及第 1 本书的封面和第 6 本书的封底。

211. 整除（1）

答案是 2520＝5×7×8×9。如果一个数能被 8 整除，那它也能被 2 和 4 整除；如果一个数能被 9 整除，那它也能被 3 整除；如果一个数能同时被 3 和 2 整除，那它也能被 6 整除。

212. 平方数的诡论

伽利略在他的最后一本著作《关于两门新科学的对话》中提出了一个观点：平方数与非平方数的总和看起来要远远多于平方数，然而每一个数都有一个平方数，并且每一个平方数都有一个平方根，因此不能说究竟哪种数更多。这是用一一对应的方法来做证明的早期运用。

213. 掷 6 次

6/6×5/6×4/6×3/6×2/6×1/

$6 \approx 0.015$。

即概率小于 2%。

214. 炮弹降落和开火

那个沿着地平线发射的炮弹将最先落地，因为物体以相同的重力加速度垂直降落，不考虑它们的水平速度。如果其他两个炮弹以相同的能量降落，以一个角度发射的炮弹将比垂直发射的炮弹更早落地。这是因为以一个角度发射的炮弹的能量被转化成了水平方向的动能，所以它到达的高度不高，因此它飞行的时间将会更短。

215. 200 万个点

我们可以从圆的外面选一点，从这一点向圆发出射线，射线从圆的边缘开始切入。我们可以数这条射线与圆相夹的面积内有多少个点，直到正好为 100 万个点为止。这时这条射线在该圆内的线段就是我们要找的线段。

如果射线一次扫射正好从 999999 个点到了 1000001 个点，那就只能在圆外面另选一个点，重新来试，最后总有一条线会成功的。

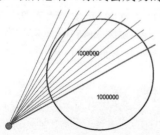

216. 八角星魔方

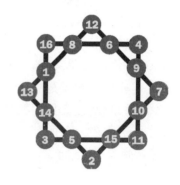

217. 中断的圆圈

红色的圆弧。

218. 地图上色

大多数地图都至少需要用 4 种颜色来上色，但是有些特殊的情况不用这么多的颜色，其中一种就是地图中只有直线的情况。

在这种情况下只需要两种颜色。这是真的吗？

确实如此，证明起来也相当简单。将线一条一条地画在一张纸上，每增加一条直线时，将新增加的直线的一边的地区全部反色，这使得在旧的邻边和新的邻边两边的颜色都不相同。

同样的证明也可以推广使用到邻边为穿过整个纸面的简单曲线或者闭合的圆圈的情况。所有这些可以用两种颜色上色的地图，其交点的邻边数都为偶数，因为在交点或者角落周围的地区必须是不同的颜色。事实上，可以证明，当一张地图上的所有交点处有且仅有偶数个邻边时，它可以用两种颜色上色。这就是两色定理。

219. 整除（2）

348926128 可以被 4 和 8 整除；

845386720 可以被 4 和 8 整除；

457873804 只可以被 4 整除；

567467334 既不能被 4 整除也不能被 8 整除；

895623724 只能被 4 整除。

如果一个数的最后两位可以被 4 整除，这个数就能被 4 整除。如果一个数的后 3 位能够被 8 整除，这个数就能被 8 整除。

220. 康托的梳子

描述康托的梳子齿的总长度的公式是 $(2/3)^n$。

随着 n 的无限增大，梳子齿的总长度接近 0。康托的梳子的一个特性就是当梳子齿的总长度在 0 与 1 之间时，总能够在梳子上找到两点，使这两点之间的距离等于梳子齿的总长度。

221. 旋转的螺旋

当你看运动的物体时，你的眼睛和大脑都已经习惯了，而当你再看静止的物体时，你的眼睛看到的是相反方向的运动。

这个错觉通常被称为瀑布错觉。

如果你盯着旋转的螺旋看一段时间，再看静止的船时，它看上去像是在朝靠近你或者远离你的方向移动，这取决于你旋转螺旋的方向。

222. 重力降落

假设没有摩擦力和空气阻力，这个球将以不断增加的速度一直下落直到到达地心。在那一点它将开始减速下落到另一边，然后停止，再无休止地重新下落。

223. 魔方

图中一共有 $8\times8\times8$ 个 1×1 的立方体。

有 $7\times7\times7$ 个 2×2 的立方体。

有 $6\times6\times6$ 个 3×3 的立方体。

……

依此类推，最后有 1 个 8×8 的立方体。

因此立方体的总数应该是 $8^3+7^3+6^3+5^3+4^3+3^3+2^3+1^3=1296$。

事实上由一个公式可以直接得到这个结果：

总 的 立 方 体 数 =

$\left[\dfrac{n}{2} \times (n+1)\right]^2$，当 n = 8 时，得
到 1296。

224. 立方体魔方

这里给出其中一种解决方法
（还有很多可能性）。

225. 中断的直线

绿色的线。

226. 四色六边形游戏

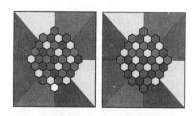

227. 平方数相加

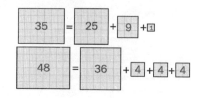

228. 不同的数

最后一个与众不同，其他的都

是质数（在大于 1 的整数中，只能
被 1 和这个数本身整除的数叫质数，
也叫素数），它是 17 与 19607843 的
乘积。

229. 填数

230. 正方形变成星星

231. 三色环

红色面积最大（19 个单位面
积），其次是绿色部分（18 个单位面
积），而蓝色部分的面积是 17 个单
位面积。

这道题是建立在意大利数学家

卡瓦列里（1598～1647）的理论基础上的，即等底等高的三角形面积相等。

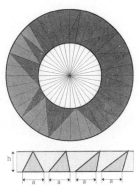

232. 六角魔方

这个问题可不简单。

一共有 12！（12 阶乘＝1×2×3×…×11×12＝479001600）种方法将数字 1 到 12 填入六角形上的三角形中。其中一种解法如下图所示。

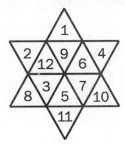

233. 正多面体环

库尔特·舒克尔发现所有相同大小的正多面体都可以组成一个多面体环，除了正四面体。

无论用多少个正四面体组合，都不可能组成一个多面体环。

这一理论在 1972 年被 J. H. 梅森所证明。

234. 图案上色（1）

如图所示，需要 4 种颜色。

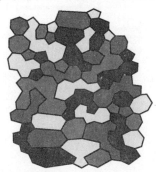

235. 茵菲尼迪酒店

在这种情况下，酒店经理可以把客人都转移到房间号是他们原来房间 2 倍的房间。这样所腾出来的无限个房间就可以供无限个新来的客人住了。

类似的问题被称作希伯特酒店问题，它是以德国数学家大卫·希伯特（1862～1943）的名字命名的。这个问题从本质上说明了无限的 2 倍仍然是无限。

236. 数字迷宫

如图所示。

5	6	23	24	25
4	7	22	21	20
3	8	17	18	19
2	9	16	15	14
1	10	11	12	13

15	14	13	12	3	2
16	23	24	11	4	1
17	22	25	10	5	6
18	21	26	9	8	7
19	20	27	28	29	30
36	35	34	33	32	31

237. 色子的总点数

莱布尼茨是错误的。总点数为12的时候只有一种组合情况，即红色色子和蓝色色子都掷到"6"；而总点数为11的时候有两种组合情况，即红色色子为"5"，蓝色色子为"6"，和红色色子为"6"，蓝色色子为"5"。

因此，它们的概率是不相等的，其概率分别是 1/36 和 2/36。

240. 分割正方形

将正方形总数上升到 27 个的 4 条直线如下图中的蓝线条所示。

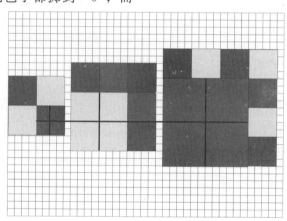

238. 六边形变成三角形

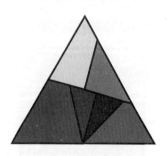

239. 猫窝的门

蓝色的门应该选择 2；红色的门应该选择 7，你选对了吗？

在做这种题目的时候我们的判断力常常被图的背景所干扰，从而很容易弄错。

241. 透镜

如下图所示，通过两个正透镜的光线的弯曲度更大，因此，两个正透镜会聚光线的能力要比一个正透镜强。

被删掉了。再进一步思考，你将发现，如果要找出 1 到 x 以内的所有质数，只需要删掉小于以及等于 x 的平方根的质数的倍数就可以了。

在这道题中，我们需要删掉比 100 的平方根（10）小的质数的倍数，即 2，3，5，7 的倍数。

242. 图案上色（2）

如图所示，需要 4 种颜色。

243. 相邻的数（1）

如图所示。

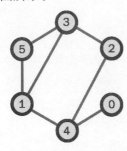

244. 埃拉托色尼的筛网法

将 2，3，5，7 这 4 个质数的倍数从表格中删掉，剩下的数就是 100 以内的所有质数。

11 的倍数就不用管了，因为例如 77＝7×11，它已经作为 7 的倍数

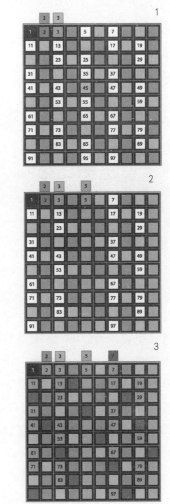

245. 字母公寓

答案是 Q。

246. 重组五角星

247. 连接色块

该题的解有很多种，下面是其中一种，如图所示。

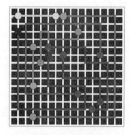

248. 棋盘与多米诺骨牌

许多与棋盘有关的题目以及其他谜题都可以通过简单的奇偶数检验法解决。

第一个棋盘中，无论你用什么办法都不能覆盖空缺的棋盘，而证明方法很简单。除空缺块以外，棋盘上有32块黄色方块，但只有30块红色的。一块多米诺骨牌必须覆盖一红一黄的方块。因此，第一个棋盘不能用31块多米诺骨牌覆盖。

如果从棋盘中移走两个相同颜色的方块，剩下的方块就不能用多米诺骨牌覆盖。

该原理的反面由斯隆基金会主席拉尔夫·戈莫里证明。

如果将两个颜色不同的方块从棋盘移出，剩下的部分必然能用多米诺骨牌覆盖。

因此，只有第二个棋盘能全部用多米诺骨牌覆盖。

249. 聚集太阳光

透镜2和透镜1都是凸透镜，透镜2比透镜1更厚。因此，经过透镜2的光线弯曲度更大，会聚太阳光的能力也更强。如下图所示。

透镜3和透镜4都是凹透镜，它们根本不会会聚太阳光。因此，它们下面的纸不可能燃起来。

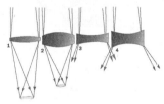

250. 移走木框

当木框按照正确的顺序移走后，得到的单词是CREATIVITY。

251. 相邻的数（2）

如图所示。

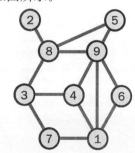

252. 所有含 "9" 的数

在前 1000 个自然数中，有 271 个数都包含有数字 9，即总数的 27%。出乎意料的是，前 1064 个自然数中有 99% 的数都包含数字 9，这个结果可能让我们认为几乎每个数里面都包含有数字 9。

但 9 并不是一个特殊的数字。对于每一个包含 9 的数，也可以把 9 换成 8（或者 7，6，5，4，3，2，1）。因此，几乎所有的数都含有每一个数字。

253. 3 个色子

总点数从 3 到 18 共有 $6 \times 6 \times 6 = 216$ 种结果。

出现总点数为 7 共有 15 种方法（7%），出现总点数 10 一共有 27 种方法（12.5%）。

254. 分割五角星

255. 银行密码

1. 每个字母有 26 种可能，每个数字有 10 种可能，那么密码的可能性有：

P＝$26 \times 26 \times 26 \times 10 \times 10 = 263 \times 10^2 = 1757600$ 种。

2. P＝$26 \times 25 \times 24 \times 10 \times 9 = 1404000$ 种。

3. P＝$1 \times 25 \times 24 \times 10 \times 9 = 54000$ 种。

256. 六彩星星

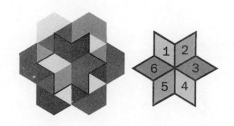

257. 光的反射

亚历山大时期的希罗发现了光的反射定律：光线射到任意表面上，入射角和出射角相等，即入射光线与法线的夹角等于出射光线与法线的夹角。

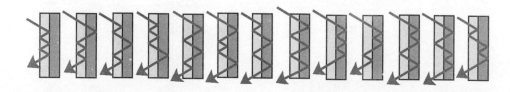

258. 正方形里的三角形

如图所示，下面是 20 个三角形所组成的正方形。这个正方形的 4 倍就是由 80 个这样的三角形所组成的正方形。

259. 和或差

有 2 种解法：

4 1 5 4 1 3 2 5 3 2

4 5 1 4 3 1 2 3 5 2

将这两组解的数字倒过来就构成了另外两种解法。

260. 数字图案

每个不在最上面一横行和最左边一竖行的数，都等于它上面的数与它左边的数之和再减去它左上角的数。

1	2	5	6	9
3	4	7	8	11
10	11	14	15	18
12	13	16	17	20
19	20	23	24	27

261. 堆色子

看不见的那些面的总点数为 155。这个结果可以用这 10 个色子的总点数（21×10＝210）减去看得见的点数得到。

262. 七角星

263. 镜面七巧板

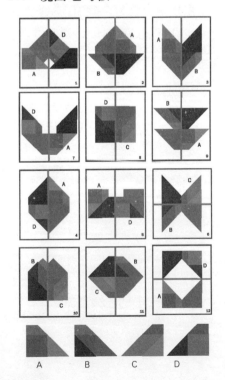

264. 伪装

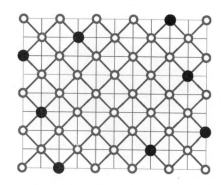

265. 金鱼

从鱼身反射出的光线，由水进入空气时，在水面发生了折射，而折射角大于入射角，折射光线进入人眼，人眼逆着折射光线的方向看去，觉得这些光线好像是从它们的反向延长线的交点鱼像发出来，鱼像是鱼的虚像，鱼像的位置比实际的鱼的位置要高。

光线在不同介质中的传播速度是不同的。光在水里的传播速度比在空气中要慢，同时光线由水里进入空气中时，在交界面上产生了折射。

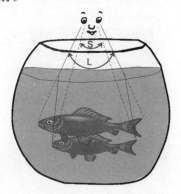

266. 纸条构成的五边形

这个表面只有 1 个面和 1 条边。打的这个结使纸条扭曲了 180°，形成了 1 个麦比乌斯圈。

267. 数列

数列里面去掉了所有的平方数。

268. 穿孔卡片游戏

如图所示。将 4 张卡片重叠，最后每个小正方形里的 4 个圆圈就分别呈现出 4 种不同的颜色。

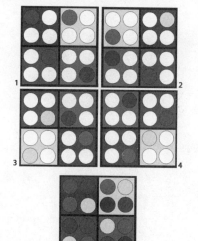

269. 有洞的色子立方

看得见的洞（逆时针方向）如下。

上面的洞：4—2—3—6

左边的洞：5—4—1—3

右边的洞：6—2—1—2

看不见的洞如下。

底部的洞：3－5－3－2

左边的洞：5－6－1－2

右边的洞：3－1－3－6

要记住现在的色子都是沿逆时针方向增加点数的。

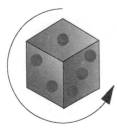

270. 神奇的九边形

271. 小钉板上的闭合多边形

在3×3的小钉板上不论你怎么连，最终总是会剩下两个钉子；而在5×5的小钉板上则总是会剩下1个钉子；在4×4的板上可以把16个钉子全部用上，一个也不剩。如图所示。

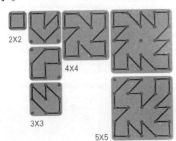

272. 多米诺覆盖（1）

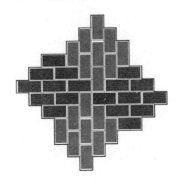

273. 车的巡游

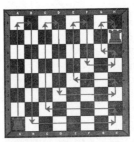

问1　最少21步

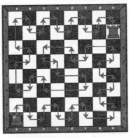

问2　最多55步

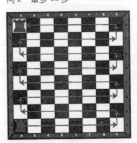

问3　最少15步

问 4 最多 57 步

问 5 最少 16 步

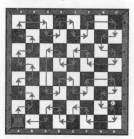

问 6 最多 56 步

274. 拼图

如图所示，需要移动 17 步。

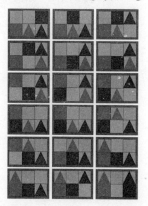

275. 自创数

如果我们系统地来试着往第 1 个格子里放一个数字，从"9"试起，我们就会发现"9"不可以，因为剩下的格子里放不下 9 个"0"了；"8"和"7"一样，如图所示。而将"6"放入的时候我们会发现这就是正确的答案。

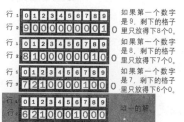

276. 升旗与降旗

旗子会上升。

277. 找错

D

278. 星形难题

279. 重叠的六边形

4 个绿色正六边形的面积之和等

于红色正六边形的面积，而它们重叠的部分的面积是相等的。因此，减去了重叠部分之后的面积还是相等的。

280. 多米诺覆盖（2）

原图上的 5 个缺失方块中有 4 个是在棋盘的灰色块上的，只有 1 个在白色块上。

因此，当你放进去最大数目的多米诺骨牌之后，无论你如何摆放骨牌，总会有 3 个白色块没有被覆盖上。

寻找解法的途径之一是在棋盘上画出车（国际象棋棋子）的路线图，并用骨牌覆盖它的路线。

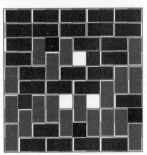

281. 迷宫

当你沿着迷宫走时，在路的一侧画线。当你来到一个分岔口时，选择任意一条路。如果你回到前面到过的一个分岔口，转身回到你来时的路。

如果在走一条原来走过的路（即你做的标记在路的另一侧）时，来到了一个前面到过的分岔口，尽可能地走你还没有走过的路；否则

就走一条原来走过的路。千万不要进入一条两侧都已经有标记的路。

282. 莱昂纳多的结

只用了 1 条绳子。

283. 凯普瑞卡变幻

你最终总是会得到 6174。

D. R. 凯普瑞卡发现了这一类的数。因此，这一类数都以他的名字命名，称为凯普瑞卡数。

如果你以一个两位数开始，结果会是这 5 个数中的一个：9，81，63，27，45。

如果是以三位数开始，结果会是 495。

284. 填补空白

C，从左上角开始并按照顺时针方向、以螺旋形向中心移动。7 个不同的符号每次按照相同的顺序重复。

285. 质数加倍

任意一个整数和它的 2 倍之间总有一个质数。

286. 十二角星

287. 拼接三角形

根据组合的公式，从 6 根棍子里选出 3 根来有 20 种可能性：

$C_n^r = 6! / (3! \times 3!)$

$= 6 \times 5 \times 4 \times 3 \times 2 \times 1 / (3 \times 2 \times 1) \times (3 \times 2 \times 1) = 720 / (6 \times 6) = 20$ 种

但并不是这 20 种组合都能够拼成三角形，根据"三角形两边之和必须大于第三边"的定理，3－4－7、3－4－8、3－5－8 这 3 种组合都不能组成三角形。

所以用这些棍子一共可以拼出 17 个三角形。

288. 连续的多格骨牌方块（1）

我们所选择的连续的多格骨牌（每一个多格骨牌都是）使我们能够用许多方法组成一个完美的马赛克的正方形。注意到在这个连续的多格骨牌的解法中，有一种形成的是从中心开始以螺旋状延伸的，该中心周围的多格骨牌以逆时针顺序依次盘旋着加入（指答案中的右下图，顺序为：黄色—橙色—红色—浅绿—深绿—蓝色—紫色—粉色）。

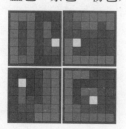

289. 有几个结

如图所示，绳子拉开之后有两个结。

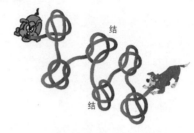

290. 立方体迷宫

如图所示。

291. 扑克牌

设有 4 张牌，前 3 张的和为 21，后 3 张的和也为 21。那么就说明第 1 张牌和第 4 张牌一定相等。因此在这些牌中，每隔两张牌都是一样的。

292. 青蛙和王子

秘密就是看下图阴影处的 8 个方格。如果在这 8 个方格中，青蛙和王子的数量都是偶数，那么这个游戏最终就是有解的，反之则无解。原因是每一次翻动都会影响到 0 个或者 2 个在这个阴影区域的方格，而不可能只影响到奇数个方格。由于你必须在游戏最后让这个区域内所有的方格都显示为同一个图案，因此如果这个区域内青蛙或王子的数量是奇数，那么这个游戏是不可能完成的。根据这个规律，问 1 无解，问 2 有解。

293. 宝石

把这个架子倒过来就可以了，如下页图所示。

294. 五边形的变换

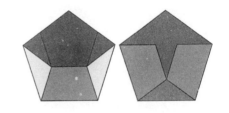

295. 连线

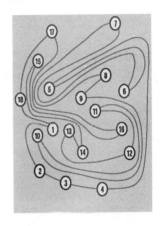

296. 连续的多格骨牌方块（2）

对于这组 8 块连续多米诺骨牌也有很多种解法。最后一种解法（指图中的右下图）是一条顺时针盘旋的解法，这次是向内盘旋的（与288题相比）。

297. 结的上色

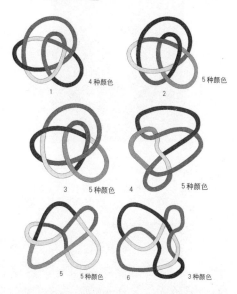

1　4种颜色　　2　5种颜色
3　5种颜色　　4　5种颜色
5　5种颜色　　6　3种颜色

298. 金字塔迷宫

如图所示。

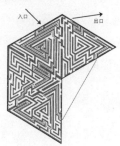

299. 计算器故障

一位数有 3 个：1，2，3。

两位数有 3^2 个，也就是 9 个：11，12，13，21，22，23，31，32，33。

三位数有 3^3 个，也就是 27 个：111，112，113，121，122，123，131，132，133，211，212，213，

221，222，223，231，232，233，311，312，313，321，322，323，331，332，333。

一共可以组成 39 个数，3＋32＋33＝39。

300. 玻璃杯（1）

最少需要 3 次。

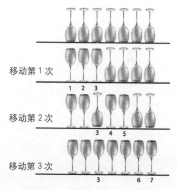

移动第 1 次
移动第 2 次
移动第 3 次

301. 掷硬币

每次掷一个硬币会有两种可能的结果。根据下面的基本计算规律，掷 5 次硬币一共有 $2×2×2×2×2＝2^5＝32$ 种结果。

基本计算规律：

两个独立的任务，如果第一个任务有 M 种可能的完成方法，第二个任务有 N 种可能的完成方法，那么两个任务就会有 M×N 种不同的完成方法。

287

302. 帕瑞嘉的正方形

303. 小钉板上的四边形

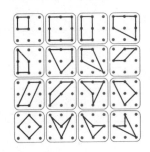

304. 镜像射线（1）

A—1　E—6

B—2　F—3

C—5　G—4

D—3　H—7

305. 纸条的结

4 与其他 5 个都不同，其他的都只有 1 个连续的结，而 4 是由两个结组成的。

306. 卡罗尔的迷宫

这个迷宫是由刘易斯·卡罗尔在他 20 多岁的时候，给他的弟弟和妹妹设计的。

307. 回文

希望你没有花太多的力气就得到一个回文顺序的数。

在前 10000 个数中，只有 251 个在 23 步以内不能得到回文顺序的数。曾经有一个猜想说："所有的数最终都会得到一个回文顺序的数。"但这个猜想后来被证明是错误的。

在前 100000 个数中，有 5996 个数从来都不会得到回文顺序的数，第一个这样的数是 196。

308. 玻璃杯（2）

正放和倒放的杯子的个数都是奇数，而每次翻转杯子的个数是偶数。因此，最后不可能将 10 个（偶数个）杯子都变成相同的放置情况。

奇偶性这个词在数学中首先是被用来区别奇数和偶数的。如果两个数同是奇数或者同是偶数，就可以说它们的奇偶性相同。

每次移动偶数个杯子，这样就保留了图形的奇偶性。

309. 掷3枚硬币

这个分析是不对的。尽管我们已经知道第3枚硬币只有两种结果，但是我们同时也应该把另外两枚硬币的4种不同结果考虑进去。我们可以将所有可能的结果列出来（H表示正面，T表示反面）：

HHH
HHT
HTH
HTT
THH
THT
TTH
TTT

我们可以看到，其中只有两种结果3个硬币是相同的。因此，其概率应该是2/8＝1/4。

310. 埃及绳问题

用埃及绳可以做出大量不同的面积为4个单位的多边形。

有人将这个问题与多联骨牌（由多个大小相同的方块连成，用于一种棋盘游戏）——确切地说是与四格拼板（一种拼板游戏中用的多边形拼合板）联系在一起。这5个四格拼版中的每一个都可以是大量解决方法的基础，剩下要做的只是根据12个相等的长度去加减三角形。用这5个不同的四格拼盘来解

决问题的一些方法如图所示。

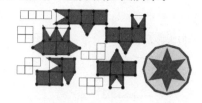

311. 数正方形（1）

23个正方形。

312. 对结

这两个结不能互相抵消，但是可以挪动位置，使两个结位置互换。

313. 镜像射线（2）

A—1　E—5　I—2
B—2　F—5　J—1
C—3　G—4
D—3　H—4

314. 蜂巢迷宫

如图所示。

315. 4个"4"

20以内唯一不能被这样展开的

数是 19。如果允许用阶乘的话，也可以把它展开（4！＝1×2×3×4），19 可以被写成 4！－4－（4/4）。

1＝44/44
2＝4/4+4/4
3＝(4+4+4)/4
4＝4(4－4)+4
5＝[(4×4)+4]/4
6＝4+[(4+4)/4]
7＝4+4－(4/4)
8＝4+4+4－4
9＝4+4+(4/4)
10＝(44－4)/4
11＝44/($\sqrt{4} \times \sqrt{4}$)
12＝(44+4)/4
13＝(44/4)|$\sqrt{4}$
14＝4+4+4+$\sqrt{4}$
15＝(44/4)+4
16＝4+4+4+4
17＝(4×4)+4/4
18＝(4×4)+4－$\sqrt{4}$
19＝无解
20＝(4 × 4)+$\sqrt{4}$+$\sqrt{4}$

316. 变形

如图所示，在图形格子的旁边分别标上数字，这样解决起来就容易得多。首先，将纵向格子的变化用序号标出来，然后再用同样的办法重新排列横向的格子。

用同样的转换方式记录下每次变形的方式。

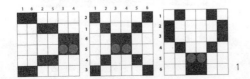

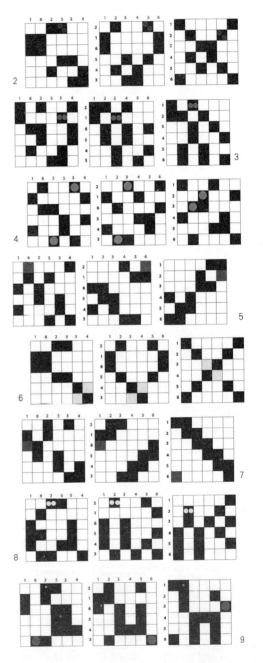

317. 掷 100 次硬币

掷 100 次全部为正面的概率：

掷到 1 个正面的概率为：1/2

＝0.5

掷到两个正面的概率为：1/2×1/2＝1/4＝0.25

掷到 3 个正面的概率为：1/2×1/2×1/2＝1/8＝1.125

掷到 100 个正面的概率为（1/2）100

约等于

1/10000000000000000000000000000000。在理论上是有可能掷到 100 个正面的，但是在实际操作中基本上不可能，因为正反都掷到的可能性有太多种。

同样，在实际操作中，出现所给出的任意一种情况的可能性都很小。这些情况出现的可能性都是相同的。

318. 反重力圆锥

这两个圆锥的组合体看上去将会开始向上移动，但实际上它是在倾斜的轨道上向下运动，就如我们从这个设计的一个侧面所看到的一样。当这两个圆锥的组合体看起来像是向上移动时，轨道逐渐增加的宽度使它下降，实际上它的重心向下移了。

319. 数正方形（2）

50 个正方形。

320. 海市蜃楼

顶部所显示的景象是由两次反射产生的，如下图所示。

321. 不可思议的鸠尾接合

这两块模型是如图所示接合而成的，因此只要斜向滑动就能将这两块模型分开。

322. 缺失的正方形

折叠正方形，然后打开，依此类推。正方形的一面是红色，另一面是黄色。

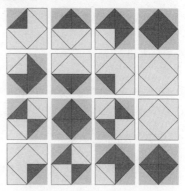

323. 4 个数

$4 + 4^2 + 4^3 + 4^4 = 340$

324. 孩子的年龄

1×1×3×13＝39。

325. 概率机

这7个凹槽中，小球的分布与帕斯卡三角形的第6行的分布是相同的：1，6，15，20，15，6，1，其总和为64，等于我们这题中小球的总数。

最后形成的这个结构（如图所示）接近于著名的高斯曲线，或者叫IQ曲线、标准曲线、钟形曲线、概率曲线，它在现代科学中有着巨大的作用。

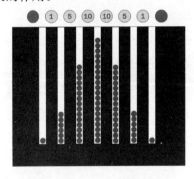

326. 毕达哥拉斯正方形

327. 面积和周长

如下图所示，第一组的4个图形面积相等，第二组的4个图形周长相等。这两组中的圆的周长和大小都一样，而第二组其他3个图形的面积比第一组的其他3个图形的面积都要小。

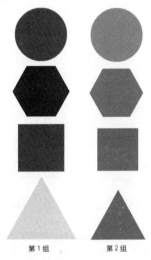

第1组　　　第2组

328. 十二边形模型

不可能由这些颜色块组合而成的是模型3，其中一个大的绿色三角形被换成了红色的三角形。

329. 吉他弦

如图所示，琴弦开始振动，4和6处的纸片会掉下来。

330. 正方形折叠 (1)

每次将 4 个角往正方形的中心折,你就能得到一个小一些的正方形,依此类推,直到厚得不能再折为止。

331. 数列

这个数列包含的数字都是上下颠倒过来也不会改变其数值的数字。

332. 父亲和儿子

可能的情况有以下几种:

父亲 96 岁,儿子 69 岁;

父亲 85 岁,儿子 58 岁;

父亲 74 岁,儿子 47 岁;

父亲 63 岁,儿子 36 岁;

父亲 52 岁,儿子 25 岁;

父亲 41 岁,儿子 14 岁。

从图中看,应该是最后一种情况。

333. 4 个帽子游戏

如图所示,在下面这两个红色帽子中抽到红色小球的可能性最大。

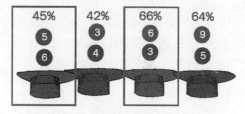

334. 把 5 个正方形拼起来

5 个边长为 1 个单位的正方形可以拼入一个边长是 2.707 个单位的正方形内。

下面是 n (n 从 1 到 10) 个单位正方形可以拼入的最小面积的正方形。k 是正方形的边长。

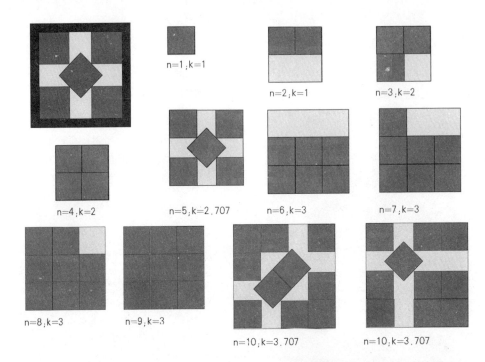

n=1;k=1

n=2;k=1

n=3;k=2

n=4;k=2

n=5;k=2.707

n=6;k=3

n=7;k=3

n=8;k=3

n=9;k=3

n=10;k=3.707

n=10;k=3.707

335. 小钉板上的图形面积 (1)

7.5 个单位面积。

可以把这个红色四边形的面积分成 3 个直角三角形和中间的 3 个小正方形。中间的 3 个小正方形的面积是 3 个单位面积，而 3 个直角三角形的面积分别是 1.5，1，2 个单位面积。因此，红色四边形的总面积是 3+1.5+1+2＝7.5 个单位面积。

图2

336. 彩色多米诺骨牌 (1)

这道谜题的解法被认为是唯一的。显而易见，图 1 满足谜题的要求；图 2 则展示解题的布局过程。

图1

337. 拼瓷砖

如下图所示，这是解法之一，还可能有其他的解法。

338. 滑行方块

如右页图所示，需要 23 步。

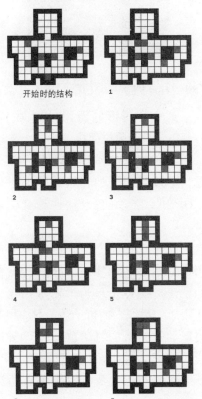

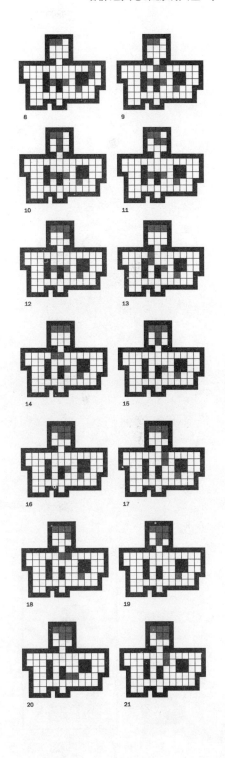

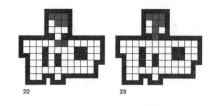

22   23

339. 足球

这个足球的 1/4 重 50 克，那么这个足球的总重量就是 200 克。

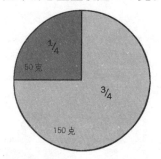

340. 弹子球

刚开始时他们各自有 40 颗弹子球。

设他们刚开始时的弹子球数为 x，2x＋35－15＝100，因此 2x＋20 ＝100，2x＝80，x＝40。

341. 2 个帽子游戏

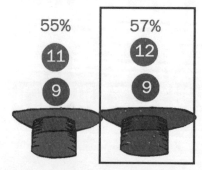

出人意料的结果是，这次从蓝

色帽子中抽到红色小球的可能性最大。这个悖论也可能出现在实践中。它通常是由变动的组合和大小不等的组结合成一个组所引起的，但是在精确的设计实验中可以避免。

342. 组合单位正方形

正方形的边长是 3.877 个单位长度。倾斜的正方形以 40.18° 的角度倾斜。

343. 小钉板上的图形面积（2）

这 4 个图形的面积分别是 17，9，10，16 个单位面积。

335 题的方法同样也适用于这一题。不过对于更加复杂的图形可以采用皮克定理，它会让计算变得非常容易。

当我们要计算一个小钉板上的闭合多边形的面积时，我们所要做的就是数出这个多边形内（不包括多边形的边线）的钉子数（N）和多边形的边线上的钉子数（B），多边形的面积就等于：N＋B/2－1。

你可以用本题中的例子来验证一下这个公式。

344. 彩色多米诺骨牌（2）

有两种可能的答案。

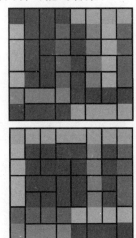

345. 颜色相同的六边形

如下图所示，至少需要 5 种不同的上色方法。

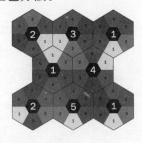

346. 哈密尔敦路线

解法之一。

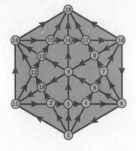

347. 数学式子

如下面所示。

$10^2 = 100$

$$\frac{10}{\sqrt{10}} = 3.1622777$$

$$\sqrt{10} = 3.1622777$$

$$\frac{\sqrt{10}}{10} = 0.3162277$$

$$\frac{1}{\sqrt{10}} = 0.3162277$$

$$\frac{1}{10\sqrt{10}} = 0.0316227$$

348. 木头人

他一次都不会跳。因为他是木头做的，所以完全不可能听到钟响！别忘了我提醒过你这是脑筋急转弯。

349. 不幸事件

平均水深并不代表着每一个地方的水深都一样。我们必须要考虑这个湖不同地方的水深会有差别。

如果这个湖 3/4 部分的水深都是 1 英尺（0.3048 米），而剩下的 1/4 水深 9 英尺（约 2.7 米），那么它的平均水深仍然是 3 英尺（约 0.9 米）。

350. 用连续的长方形拼起来的正方形

如果前 10 个正整数是这 5 个可以被拼成一个正方形的长方形的元素，那么这个正方形的面积一定在 110 和 190 之间。正方形的边长应该是 11，12 或 13。

因为长方形的 10 个元素完全不同，4 个长方形一定包围着一个在中间的长方形。

对于边长为 12 没有解法。只存在 4 种解法：两种边长为 11，两种边长为 13。解法如图所示。

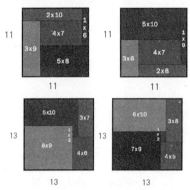

351. 多少个三角形

1.1 个三角形

2.5 个三角形

3.13 个三角形

4.27 个三角形

5.48 个三角形

6.78 个三角形

如果 n（n 为每条边被平均分成的份数）为偶数，三角形的总数将遵循下面这个公式：

$$\frac{n(n+2)(2n+1)}{8}$$

而如果 n 为奇数，公式应该是：

$$\frac{n(n+2)(2n+1)-1}{8}$$

352. 彩色多米诺条

可以用如右页图所示的 13 种方法解题。

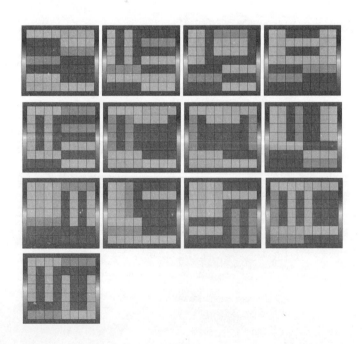

353. 8个金币

把8个金币分成两部分，一部分6个金币，一部分两个。

不管假币在哪一部分，如下页所示我们只用两步就可以把它找出来：

再取这3个金币中的任意两个分别放在天平的两端，如果天平不平衡，那么轻的那一端放的就是假币。

先将第一部分的金币一边3个分别放在天平的左右两边。如果天平是平衡的，那么假币一定在剩下的两个中。

如果天平仍然是平衡的，那么剩下的那个就是假币。

354. 哈密尔敦闭合路线

解法之一。

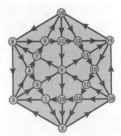

355. 11的一半

罗马数字中的11就是这样的，如下图所示：

再将剩下的两个金币分别放在天平的两端，翘起的那一端的金币较轻，这个就是假币。

如果第一步分别将3个金币放在天平的两端，天平是不平衡的，如左图所示，天平右端翘起了，说明右边较轻。那么假币是天平右边所放的3个金币中的1个。

356. 整数长方形

这种结构的大长方形，要么宽是整数，要么高是整数，或者两者都是整数。这一证明是由数学家斯坦·威根完成的。后来，彼得·温克勒在他的著作《数学智力游戏：极品珍藏》中又给出了一种天才的证明方法。

将大长方形里所有宽为整数的绿色小长方形的上下边线用橘色勾勒并加粗。将剩下的橘色小长方形的左右边线用绿色勾勒并加粗。这样处理之后，最后在这个大长方形中至少会出现一条连接两对边的路线——要么是从大长方形的左边到右边的绿色路线，要么是从上边到下边的橘色路线（两种不同颜色的相接处看作其中任意一种颜色，因此最终可能会出现两条相交的路线）。从图中可以看出，这个大长方形只有宽为整数。

用这种方法在你自己设计的长方形里试试！

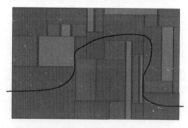

357. X 问题

你的第一反应肯定是 10，但是在这道题中如果 x＝9，那么你的错误率将高于 10％。

因此，在这道题中，猜 x＝9.9 将是最好的答案，猜它的错误率最高只有 10，它与 9 相差 0.9，与 11 相差 1.1。

358. 把三角形放进正方形

可以放入 5 个等边三角形的最小正方形的边长为 1.803 个单位。

359. 萨瓦达美术馆

如图所示，将这个美术馆的平面图分成若干个三角形，每个三角形的顶点分别用 3 种不同的颜色标注出来，每个三角形所用的 3 种颜色都相同。最后在出现次数最少的颜色的顶点处安放监视器。

但是这个办法只能帮助我们从理论上知道需要放多少台监视器。

按照这一定理一共需要 6 台监视器，然而在实际操作中只需要 4 台就够了。

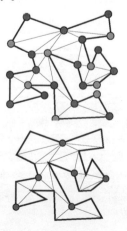

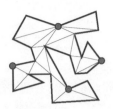

360. 蛋糕片

本题答案并不唯一，答案之一如下图所示：

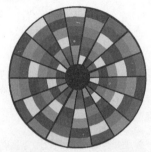

361. 三角形与三角形

我们可以利用反向思维。如右下图所示，将三角形的底边 3 等分，将两个等分点分别用记号笔标注。然后从每个等分点出发分别画 4 条线段：两条线段分别与三角形的两腰平行，一条线段为等分点与三角形上面的顶点的连线；另一条是与另一等分点与三角形顶点连线相平行的线段。然后沿着这些线段把三角形剪开，这样就得到了 12 个三角形。

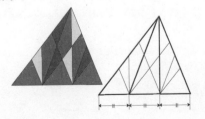

362. 折叠 3 张邮票

6 种全部可以折出，如图所示。

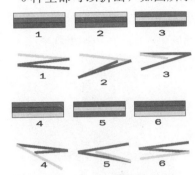

363. 加一条线

如图所示。

545+5=550

364. 动物散步

如图所示，从左下角开始，沿逆时针方向旋转，每 4 个动物的顺序相同。

365. 预测地震

她预测那里 365 天每天都有地震。

366. 螺旋的连续正方形

11 个连续正方形可以呈螺旋状排列并且不留空隙，但是如果再加入第 12 个正方形，就出现空隙了。

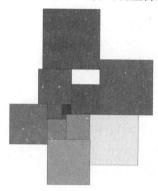

367. 三角形的内角

如图将三角形的 3 个角分别向内折，中间形成一个长方形，这样 A、B、C 三个角加起来正好是一个平角，也就是相加之和等于 180°。

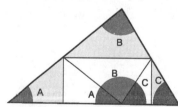

除了欧几里得平面，还存在球面和双曲球面，在球面上的三角形 3 个内角之和大于 180°，而在双曲球面上的三角形内角和则小于 180°。

368. 多米诺布局

解法的关键是斐波纳契序列。该序列中的每一项是由前 2 项相加得到的：1，1，2，3，5，8，13…

结果是用骨牌覆盖一块 $n \times 2$ 的板的方法总数等于斐波纳契序列中的第 $n+1$ 项，以 F_{n+1} 标记。

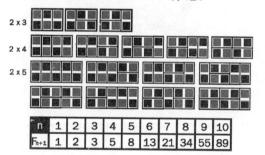

n	1	2	3	4	5	6	7	8	9	10
F_{n+1}	1	2	3	5	8	13	21	34	55	89

369. 长方形游戏

这 36 个长方形的总面积应该是 870，正好等于一个 29×30 的长方形的面积。下面给出了一种最佳方案，但是有一个 1×3 的长方形没有放进去。你可以做得更好吗？

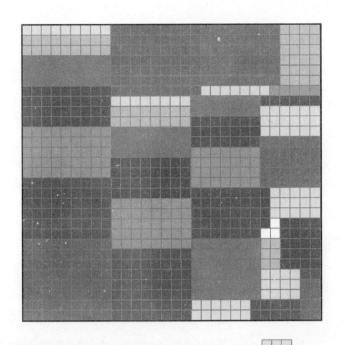

370. 折叠4张邮票（1）

可以折出 16 种。

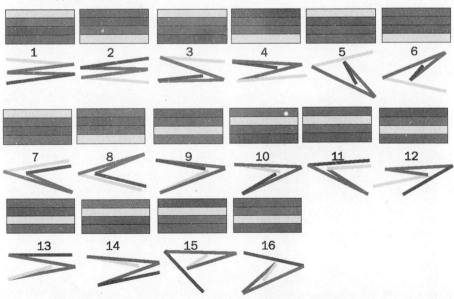

371. 想一个数

古埃及的数学家将未知数叫作"黑匣子"，我们这里也可以借用这个概念，我们把不确定的未知数称为"黑匣子"。运用这个概念，这个小游戏的秘密马上就会被破解了。你要完成两件事：

1. 你要处理一个未知的变量。

在代数中我们这里的"黑匣子"用 x 表示。

2. 与找某一个特定的数来测试不同，你应该用一种一般的方式，来表示这个思维游戏的结果总是 7。

在代数中，有很多复杂的证明可以用几何图表直观地表示出来，使这个定理的证明能够一目了然。

随便想一个数		← 这就是这个数
加上 10		
乘以 2		
减去 6		
除以 2		
然后再减去你最开始想的那个数。结果是 7。		

372. 方块里的图形

如下页图所示，原图中少了一个红色正方形。

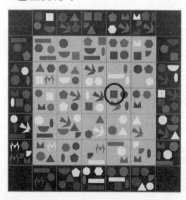

373. 看进管子里

盯着图看，这个人一会儿在管子左边，一会儿在管子右边。

374. 卢卡数列

无论你前 2 个数写的是什么，这 10 个数的总和总是等于绿色方框里的数的 11 倍。

375. 飞去来器

该图形可以通过移动拼成一个正六边形，那么我们只要算出这个正六边形的面积，就可以得到原图形的面积。这个正六边形是由 6 个正三角形组成的，如右图所示。因此所求图形的面积＝6×正三角形面积，即：

$$6 \times \frac{1}{2} \times 底 \times 高$$

$$= 6 \times (\frac{1}{2} \times 2 \times (\sqrt{2^2 - 1^2})$$

$$= 6$$

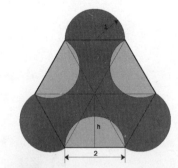

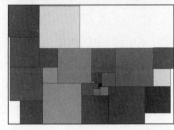

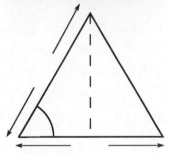

376. 成角度的镜子

当镜子之间角度减小时，放在两面镜子之间的物体的多重镜像的

数目将会增加。

每次夹角度数以 360/N（N＝2，3，4，5……）的数值减少时，镜像数目会对应增加。

因此，镜像数是两镜夹角度数的一个函数，如下所示：

夹角度数：120，90，72，60，51.4

镜像数：3，4，5，6，7

理论上，当夹角接近零时，镜像数将变为无穷。当你站在两面平行镜之间或者看一面无穷大的镜子时，你就会看到这种效果。但实际上，能看到的只有有限的镜像数，因为随着每次反射，镜像将逐渐变得微弱。

377. 伐里农平行四边形

我们可以发现，所有任意四边形四边中点的连线都会组成一个平行四边形，我们将这个平行四边形称之为伐里农平行四边形，是以数学家皮埃尔·伐里农（1654～1722）的名字命名的。

伐里农平行四边形的面积是原四边形的面积的一半，而它的周长则等于原四边形两条对角线的长度之和。

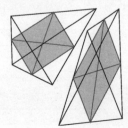

378. 折叠 4 张邮票（2）

可以折出 8 种。

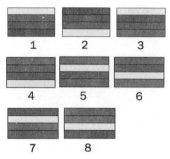

379. 类似的数列

第 9 个数是 31131211131221。

第 10 个数是

13211311123113112211。

在这个数列里的每一个数都是描述前一个数各个数字的个数（3 个 1，1 个 3，1 个 2 等）。

这个数列里的数很快就变得非常大，而且这个数列里的数字不会超过 3。比如，这个数列里的第 16 个数包含 102 个数字，而第 27 个数包含 2012 个数字。

这个数列是由德国数学家马利欧·西格麦尔于 1980 年发明的。

380. 7 只小鸟

时　间	觅食的小鸟序号		
第 1 天	1	2	3
第 2 天	1	4	5
第 3 天	1	6	7
第 4 天	2	4	6
第 5 天	2	5	7
第 6 天	3	4	7
第 7 天	3	5	6

381. 3 个人决斗

这个问题是博弈论的一个例子。博弈论诞生于 1927 年，当时约翰·冯·诺依曼认识到在经济、政治、军事以及其他领域的决策与很多数学游戏的策略是相似的。他认为游戏上的这些策略可以应用到现实生活中。他与经济学家奥斯卡·摩根斯坦一起出版了《博弈论与经济行为》。

博弈论的很多结果都与我们的直觉相悖。比如说，在这道题中，迈克活下来的可能性最大，是汤姆和比尔的 2 倍。为什么呢？

汤姆和比尔最开始肯定会选择向对方射击（因为对方是自己最大的威胁），而接下来迈克则将射击活下来的那个人。他射中的概率为 50%（从而成为最后的赢家），射不中的概率也为 50%（最后被别人射中身亡）。

现在我们来分析一下这个有趣的结果：

如果迈克最先射击，他一定会故意射不中。因为如果他射死了其中一个人，那么另一个人就会把他射死。

因此，事实上需要考虑的只有两种情况：

汤姆先射杀掉比尔，或者反过来比尔先射死汤姆。

这两种情况下迈克有 50% 的可能性能够射死幸存下来的那个人，

因此，他活下来的概率为 50%。

汤姆如果先开枪，他活下来的概率为 50%；如果比尔先开枪，那么他活下来的可能性为 0。由于有 50% 的可能性是比尔先开枪，因此汤姆活下来的可能性为 1/2×1/2 ＝1/4＝25%；比尔活下来的可能性也是如此。

382. 四边形组成的十二边形

我们应该观察得出来，在这个十二边形外边再加上 12 个图片，又会使它成为更大的十二边形，而且这样的图片可以使这个平面无限扩展开去。

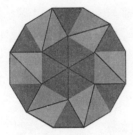

383. 正方形和三角形

如图所示，至少需要 7 个正方形和 13 个三角形；其中由 6 个正三角形所组成的凸五边形可以用来作为十一边形的核心。

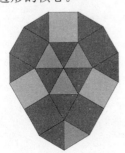

384. 多米诺棋子

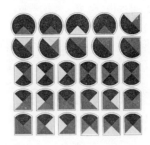

385. 级数（1）

在题中的几何级数中，无论 n 如何增大，级数和都不会达到 2，也就是说这个级数和的极限是 2。

386. 折叠 6 张邮票

第 3 种折叠方法是不可能的。

因为斜向相邻的颜色折叠以后不可能相邻。

387. 冰雹数

以 7 开头到后面也会变成同一串数，只不过过程会稍长一点：7，22，11，34，17，52，26，13，40，20，10，5，16，8，4，2，1，4，2……

至于是否以所有数开头，到后面都会变成同一串数，这个到目前为止还不知道。

以 1～26 开头很快就会成为同一串数，而 27 则会在这列数的第 77 个数时达到最大，即 9232，在第 111 个数

| 1 - 2 |
| 1 - 3 |
| 1 - 4 |
| 1 - 5 |
| 1 - 6 |
| 1 - 7 |
| 1 - 8 |
| 1 - 9 |
| 2 - 3 |
| 2 - 4 |
| 2 - 5 |
| 2 - 6 |
| 2 - 7 |
| 2 - 8 |
| 2 - 9 |
| 3 - 4 |
| 3 - 5 |
| 3 - 6 |
| 3 - 7 |
| 3 - 9 |
| 4 - 5 |
| 4 - 6 |
| 4 - 7 |
| 4 - 9 |
| 5 - 6 |
| 5 - 7 |
| 5 - 8 |
| 5 - 9 |
| 6 - 7 |
| 6 - 8 |
| 6 - 9 |
| 7 - 8 |
| 7 - 9 |
| 8 - 9 |

成为同一串数。

388. 遛狗

首先看这9个女孩可能组成多少对。如右表格所示，一共可以组成 36 对。

每一组 3 人中可以组成不同的 3 对。因此，每一对在12组（每天3组，一共 4 天）中只会出现一次。下页是符合条件的分组方法：

第1天	1	2	3	4	5	6	7	8	9
第2天	1	4	7	2	5	8	3	6	9
第3天	1	5	9	2	6	3	3	4	8
第4天	1	6	8	2	4	9	3	5	7

389. 射击

先算出 3 个人全都没有射中的概率为：

$3/5×3/5×7/10≈0.252$

因此，3 人中至少有 1 人射中的概率为 $1-0.252=0.748$。

390. 最小的正长方形

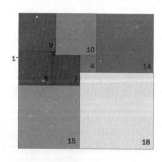

391. 瓢虫的位置

如图，19 个瓢虫分别在不同的空间内。

一般情况下，3 个三角形相交，最多只能形成 19 个独立的空间。

这一点很容易证明。两个三角形相交，最多能够形成 7 个独立的空间，而第 3 个三角形的每一条边最多能够与 4 条直线相交，因此它能够与前两个三角形再形成 12 个新的空间，所以加起来就是 19 个空间。

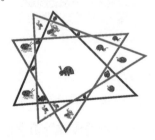

392. 级数（2）

在该调和级数中，仅仅是第 2，3，4 项之和就已经超过了第 1 项；事实上，这个调和级数的和是可以无穷大的，也就是没有极限。

这两个级数看上去并没有多么大的差别，但事实上它们之间的差别是非常之大的。几何级数的和向着 2 这个数字靠近，而调和级数的和是无限增大的，尽管增大的速度比较慢——大约前 3 亿项的和才会超过 20。

简单说来，几何级数具有收敛性，调和级数具有发散性。

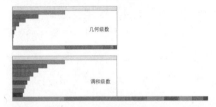

393. 麦克马洪的彩色方块

麦克马洪的一套 24 个四色正方形和 4×6 长方形的答案之一。

394. 折叠 8 张邮票

首先左右对折，将右边的 4 张折到下面去。这样 5 在 2 上面，6 在 3 上面，4 在 1 上面，7 在 8 上面。

然后再上下对折，这样 4 和 5 相对，7 和 6 相对。

然后将 4 和 5 插到 3 和 6 中间，最后将 1 折在 2 上面。

395. 数的持续度

持续度分别为 2，3，4 的最小的数分别为 25，39，77。每个数通过重复题目中的过程都可以得到一个一位数。这个过程不是无限的。

持续度	最小的数
1	10
2	25
3	39
4	77
5	679
6	6788
7	68889
8	2677889
9	26888999
10	3778888999
11	277777788888899

注意 8 和 9 出现的频率非常高。为什么呢？没有人知道。

396. 小学生的日程安排

解决这类问题可以使用几何方法，如图所示的就是其中一种。圆外环的 14 个点将圆的周长等分，内环的圆圈中包含 5 个彩色三角形，它以圆心（图中标的是 15）为中心旋转，每次旋转两个单位，最后会形成 7 种不同的位置，从而每个三角形分别构成 7 个组，其中每组由三角形的 3 个顶点的数字组成。

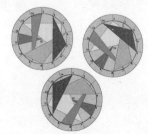

分组情况															
第1天	1	2	15	3	7	10	4	5	13	6	9	11	8	12	14
第2天	1	5	8	2	3	11	4	7	9	6	10	12	13	14	15
第3天	1	9	14	2	5	7	3	6	13	4	8	10	11	12	15
第4天	1	4	11	2	6	8	3	5	14	7	12	13	9	10	15
第5天	1	3	12	2	9	4	6	14	5	10	11	7	8	15	
第6天	1	10	13	2	4	3	8	9	5	6	11	7	14		
第7天	1	6	7	2	10	14	3	4	15	5	9	12	8	11	13

397. 玩具头

通过统计这 6 个玩具头所显示的小球，我们得到了下面的结果：

红色小球：31 个

绿色小球：6 个

黄色小球：7 个

蓝色小球：16 个

这个数据非常接近我们的正确答案，也就是这 60 个小球的分布（30 个红色，6 个绿色，9 个黄色，15 个蓝色）。

统计学是研究统计理论和方法的学科。很多问题都可以通过统计学的方法来解决。尤其是建立在不确定和不完全的信息基础上的问题。统计学运用样本——也就是从总体中所选取出来的一部分来推导总体。

样本是随机抽取的。因此，概率在统计学中起着非常重要的作用。统计学通过样本来决定总体的构成。

如果我们想通过样本对总体的估计精确到 98% 以上，那这个样本含量需要多少才可以呢？

如果总体是 200 个人，那么这个样本至少要包含 105 个人。如果总体是 10000 个人，那么样本必须包含 213 个人。这个玩具头的游戏就是遵循统计学原理的。

如果你对统计学有了一定的了解，你就再也不会相信那种基于错误数据所得出的错误结论了。

图表经常用于统计学和概率论中，它可以让数据变得形象化，从而更好地展现各种数据之间的关系。

398. 分割正方形

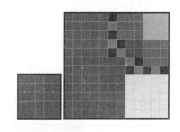

399. 绿色与蓝色

绿色区域占 44%，蓝色区域占 56%。

400. 平衡的天平

E

五角星＝8，正方形＝6，圆形＝7。